クラシック音楽全史

ビジネスに効く
世界の教養
Liberal Arts for Business Professionals

松田亜有子
元東京フィルハーモニー交響楽団
広報渉外部部長

ダイヤモンド社

はじめに

ソニー創業者の故盛田昭夫さんが、かつて東京フィルハーモニー交響楽団の会長を務めてくださった時期（1982～99年）がありました。当時、ソニーは海外進出を進めており、盛田さんは頻繁《ひんぱん》にアメリカへ営業に出かけられたそうですが、「エコノミック・アニマル」と揶揄《やゆ》され肩を落として帰って来られたとか。

ところが、東京フィル会長の名刺を出すようになると、周囲の態度がガラッと変わってニコニコしながら握手を求められたそうです。盛田さんは、それを機に東京フィルの経営により強い関心をもつようになり、理事会も欠かさず出席されました。数億円規模の個人寄付もしてくださるなど、東京フィルへ抱いた熱意と多大なる貢献には今も頭が下がる思いです。同時に、世界のビジネスサロン界における、クラシック音楽への造詣の深さや、オーケストラという芸術に対する尊敬の念が垣間見られるエピソードではないでしょうか。

「音楽」は、古代ギリシア時代に賢人プラトンが創設した学園アカデメイアでも教えられていました。酒席においては、談義を経て、食事をし、吟遊詩人たちが奏でる笛やリラを聴くのが市民のたしなみとされたそうです。
その流れを受け、中世ヨーロッパの大学では、文法・修辞学・弁証法の3学と算術・幾何・音楽・天文学4学科の自由7科をリベラルアーツと設定しました。現代のハーバード大学やスタンフォード大学でも、教養科目として音楽が教えられています。

実際、私がニューヨーク・フィルハーモニックで勉強させていただいた頃にお会いしたジャーナリストの方は、先輩からシェイクスピア全集とベートーヴェン交響曲全集を渡され、「このくらいわかっていないと、ウォールストリートのトップから本音は聞き出せないぞ」と言われたそうです。

また、あるメーカー幹部の方もイギリス・ロンドンに赴任された際は、オペラやバレエ観劇を兼ねた接待の席が非常に多かったとか。ビジネス相手とともに夫人も一緒に、劇場附設や近隣のレストランで夕食を共にし、オペラを観劇。幕間にはデザートやカクテルを楽しみながら、お相手とその日の演目やビジネスの話をして交流を深められたようです。普段でも、「土日はどう過ごしている？」などと取引先から尋ねられ、「たまにオペラに行くよ」と言うと、「何が好きだい？」と問われて「プッチーニのオペラは好きだ。月並みだが『トスカ』のアリア（独唱）はどの歌手が歌っても心にしみる」……といったやりとりで、相手との距離が縮まったことがあったと仰っていました。

最初の一歩はもちろん、さらに深く相手と付き合いビジネスを進めていくうえで、教養が求められ、信頼に繋がっていくのだと思います。

ここで簡単に自己紹介させていただくと、私は東京フィルハーモニー交響楽団という日本最古のオーケストラで、主に企業や国から相談を受けて演奏会の企画・広報を行っています。大学では音楽学部ピアノ・オルガン学科で学びましたが、ピアニストでもなく研究者でもありません。

30歳になって間もない頃、「本当の先進国は、経済大国であり文化大国でもある。この両輪で回っている」という東京フィルの元役員であり政治評論家の竹村健一さんの言葉に感化された私は、文化大国を目指すならば、アートマネジメントをする側も、もっと日本の経済・社会構造を知らなければならないと考えました。そしてクラシック音楽界をいったん飛び出し、音楽とは縁のない事業会社で働いた後、再び古巣に戻ってきました。

その〝武者修行〟の間に私はあらためて、音楽の世界でいかに多くの人と繋がっていたのか痛感しました。コンサートの場というのは、社交の場であり、業種や国を超えてあらゆる人が集まります。音楽を媒介に人と人とが出会う場で、同じ曲を聴き感動を共有するというのは、とても大きなコミュニケーションのひとつです。

本書では、クラシック音楽を、まずは読んで楽しんでいただきたい、と考えました。世界共通の言語である「音楽」は、どのようにつくられてきたのか。ドレミの音階や、メディアとしての楽譜がどのように誕生し、音楽がどのようにして広がっていったのか。そこまで遡って、まとめています。

また、音楽家の役割や名曲が生まれた背景には、キリスト教の誕生や、王侯貴族の没落とブルジョワの台頭、産業革命、民族自決運動、ジャポニスムなど、様々な社会・経済の動きが色濃く反映されています。音楽というフィルターを通じて、新たな世界史の見方もできるのが面白いところではないかと思い、意識的にそうした背景の解説も多く盛り込んでみました。

なかでも紙幅を割いてご紹介しているのは、ベートーヴェンについてです。

彼は、ハイドンやモーツァルトといった古典派のスタイルを受け継ぎつつも、多くの革新を起こしたイノベーターだった、と私は思います。それは、後のロマン派の音楽家たちを、自由に解き放つための橋渡しともなりました。

本書では、彼の功績を「3つのイノベーション」として整理しつつ、背景にあった市民革命や、印刷・楽器制作といった産業技術の進展にも触れています。ベートーヴェンは世界的に人気の高い作曲家で、演奏回数もモーツァルトと1位、2位を争うほどですから、生で聴くチャンスが多いですし、ベートーヴェンの音楽をより味わい深く楽しめるエピソードを盛り込んだつもりです。また、日本では年末の風物詩となっている〝第9〟が、海外ではあまり演奏されない理由も紹介しています。


私自身が普段、仕事でお付き合いのあるビジネスパーソンの方から尋ねられるトピックを思い出し、クラシック音楽にそれほど詳しくない、演奏会に一度も行ったことがない、という方にも楽しんでいただけるような内容を目指しました。クラシック音楽については専門家の先生方による素晴らしい本がたくさん出ていますので、興味あるトピックがあれば、ぜひ先生方の本を手に取っていただければと思います。

もちろん、私の本音としては、ぜひ演奏会へ出かけて、ライヴを観ていただきたいと願っています。数百年も生き続けてきた音楽の世界は、言葉だけでは到底表すことができません。偉大なる先人の遺した「音」のメッセージは、仕事においてもっとも大事な想像力を刺激してくれること間違いなしです。

本書をきっかけに、ひとりでも多くの皆さまがクラシック音楽に興味をもち、楽しんでいただくことができましたら、このうえない喜びです。

松田亜有子

2018年8月

クラシック音楽全史　目次

第2章 文化の受け手を広げた市民革命
――「バロック」から「古典派」へ

第3章 革命家ベートーヴェンによる3つのイノベーション
――「古典派」の完成

第4章 ナショナリズムと芸術
――「ロマン派」とオペラ全盛

第5章 近代化と伝統のせめぎ合い
――「後期ロマン派」、「印象派」、その先へ

終章 日本における西洋音楽とオーケストラの発展

西洋音楽史2000年

	【古代ギリシャ・ローマ時代】
紀元前520前後	ピタゴラスの数理的音楽理論
392	キリスト教がローマ帝国の国教となる
	【中世キリスト教音楽の時代①モノフォニー（単旋律）】
8世紀後半	グレゴリオ聖歌の整理・統一
9世紀	現存する最古の楽譜
	【中世キリスト教音楽の時代②ポリフォニー（多旋律）】
12世紀半ば〜13世紀半ば	ノートルダム楽派（パリ）の時代（オルガヌム）
1320頃〜1380頃	アルス・ノヴァ／リズムが複雑に、記譜法も発達
	【ルネサンス音楽】
15世紀半ば〜16世紀後半	フランドル楽派（多くの声部による声楽作品）
15世紀後半〜16世紀初頭	楽譜印刷の始まり（グーテンベルク、ヴェネツィアのペトルッチ）
1517	……………… 宗教改革の始まり（ルター95か条の論題）
16世紀	ヴェネツィア楽派の時代 （サン・マルコ大聖堂、モンテヴェルディなど）
1607	モンテヴェルディ「オルフェオ」（オペラ）
1618	……………… ドイツで30年戦争始まる（〜48）
	【バロック音楽】
1670	リュリ「町人貴族」（コメディ・バレエ、台本モリエール）
1685	ヘンデルとJ. S. バッハ生まれる
1688	……………… イギリス名誉革命（〜89）
1709	ピアノの発明（クリストーフォリ）
1717	J. S. バッハがケーテン宮廷楽長に、 ヘンデルはロンドンで「水上の音楽」を演奏
1721	J. S. バッハ「ブランデンブルク協奏曲」を献呈
1725	ヴィヴァルディ「四季」出版 （ヴァイオリン協奏曲集「和声と創意の試み」より第1番〜第4番）
1741	ヘンデル「メサイア」作曲
	【古典派】
1759	ヘンデル没、ハイドン交響曲第1番
18世紀末〜19世紀初頭	ソナタ形式の発展
1776	……………… アメリカ独立宣言、アダム・スミス『国富論』
1787	モーツァルト「ドン・ジョヴァンニ」初演
1789	……………… フランス革命始まる
1788	モーツァルト交響曲第39、40、41番を作曲
1791〜92	ハイドン、ロンドン訪問のため交響曲6曲を作曲
1791	モーツァルト「魔笛」初演
1808	ベートーヴェン交響曲第5番「運命」、第6番「田園」初演
1813	ワーグナーとヴェルディが生まれる
1814	……………… ウィーン会議（〜15）

※作品について特記がなければ作曲年を指す

	【ロマン派】
1822	シューベルト交響曲第７番「未完成」
1824	ベートーヴェン交響曲第９番「合唱付き」初演
1827	ベートーヴェン没
1830	ベルリオーズ「幻想交響曲」初演
1833	メンデルスゾーン交響曲第４番「イタリア」初演
1843	ワーグナー「さまよえるオランダ人」初演
1848	……諸国民の春（各地で革命が勃発）
1848	リスト交響詩「レ・プレリュード」
1866	スメタナ　オペラ「売られた花嫁」初演
1868	……明治維新
1870	……イタリア統一
1871	……ドイツ帝国の成立
1871	ヴェルディ「アイーダ」初演
1876	ワーグナー「ニーベルングの指環」４部作同時上演、ブラームス交響曲第１番初演
1877	チャイコフスキー「白鳥の湖」初演
1889	マーラー交響曲第１番「巨人」
1893	チャイコフスキー交響曲第６番「悲愴」、ドヴォルザーク交響曲第９番「新世界」
	【印象派の登場】
1894	ドビュッシー「牧神の午後への前奏曲」
1904	プッチーニ「蝶々夫人」初演
1910	マーラー交響曲第９番完成
	【現代音楽】
1913	ストラヴィンスキー、バレエ音楽「春の祭典」初演
1914	……第１次世界大戦（～18）
1917	……ロシア革命
1923	シェーンベルク「５つのピアノ曲」（12音技法による作品）
1928	ラヴェル「ボレロ」
1937	ショスタコーヴィチ交響曲第５番「革命」
1939	……第２次世界大戦（～45）
1953	シュトックハウゼン電子音楽「習作Ⅰ」
1967	武満徹「ノヴェンバー・ステップス」
1971	ショスタコーヴィチ交響曲第15番
1973	小澤征爾、ボストン交響楽団音楽監督（～2002）
1990	バーンスタイン没……東西ドイツ統一
1991	……ソヴィエト連邦崩壊
1997	新国立劇場開場（東京）
2002	小澤征爾、ウィーン国立歌劇場音楽監督（～2010）

序章

リベラルアーツとしての音楽

数学、哲学と並び位置づけられたクラシック音楽の起源

1 「クラシック音楽」とは何か

皆さんは、「クラシック音楽」と聞いて、どんなメロディが浮かびますか？　まず思い浮かぶのは、メロディよりも、学校の音楽室に飾ってあった作曲家の立派な肖像画でしょうか。

私はこの文章を書きながら、ドヴォルザーク「交響曲第9番『新世界より』」第2楽章が浮かんできました。「遠き山に日は落ちて」と日本語の歌詞がついているこのメロディは、小学校の下校時間のほか、夕方になると街全体に流れる地域もありますね。屈指のメロディメーカーと言われたドヴォルザークは、この曲以外にもたくさん私たちが口ずさめるメロディを遺してくれています。

スポーツでも、クラシック音楽を耳にします。フィギュアスケートの荒川静香さんがトリノ・オリンピックのフリー演技で、プッチーニのオペラ『トゥーランドット』の音楽を使い金メダルを獲得したことで、この曲もより広く知られるようになりました。ライヴで聴くと本当に心奪われる歌で、プッチーニに金メダル

音楽室にはこんな肖像画が並べてあった（バッハの肖像画）

を捧げたくなります。

テレビCMで言えば、チャイコフスキーが取り上げられる機会が多いようです。たとえば、某人材派遣サービス会社のCMでは、ドラマティックなチャイコフスキーの「弦楽セレナード」とともに、「オー人事、オー人事」という台詞が完全にインプットされました。

このように、私たちのまわりにはクラシック音楽があふれています。そして、作曲されたのはどれも100年以上も前です。

この「クラシック音楽」とは、何を指すのでしょうか？

一般には、**18世紀から19世紀にかけて、教会や宮廷、サロン、コンサートホールで演奏されたヨーロッパの音楽**を指します。また、日本やアジア、ラテンアメリカなどで書かれた現代音楽も「クラシック音楽」に含めることがあります。「クラシック音楽」の発展段階は、その歴史を大きく3つの時期に分けて、**バロック音楽**、**古典派**、**ロマン派**と呼びます。

この「クラシック（Classic）」という言葉の語源は、ラテン語の「classis（階級）」から派生した「classicus（第1階級に属する）」です。**「一流の」「最高水準の」と**

いう意味が込められています。[※1] そして、もうひとつの意味は、有事の際に街の防衛のため艦隊を提供できる市民のことを指します。つまり「困難に際して心身の命を守るものもクラシック」ということです。

中世哲学研究者の今道友信は、次のように言いました。

「危機に際して精神の力を与える書物や作品のことを、クラシクス（クラシック）と呼ぶ」[※2]。

作曲家たちは何百、何千曲にのぼる作品を発表しましたが、現在まで遺っているものは、ごくわずかです。**数百年にもわたり、引き継がれてきた作品は、まさに〝一流〟であり、有事に応えてくれる**のではないでしょうか。

そして、**「Music（音楽）」の語源は、ギリシア神話の「ミューズ（ムーサ）」**に遡ります。「ミューズの恩寵にあずかる人間の営み」（音楽、詩作など）を意味するギリシア語「mousike（ムーシケー）」がその語源です。

クラシック音楽、すなわち西洋音楽の歴史も、広義ではギリシア時代に遡って語られます。2000年以上前のギリシア・ローマのような古代ヨーロッパの文

※1「山下太郎のラテン語入門」http://www.kitashirakawa.jp/taro/?p=7987

※2 今道友信『ダンテ「神曲」講義』みすず書房、2002年

ムーサ九姉妹と古き三柱のムーサたち（ピエール・ピュヴィス・ド・シャヴァンヌ）

明諸国で、実際に演奏された音楽がどのようなものだったか、残念ながら記録はほとんど残っていません。当時、**音楽は基本的に即興**[※3]であり、詩の朗読や、儀式などで用いられていたからです。

しかし、「音楽に神聖な力がある」ということは、ギリシアの哲学者やラテン文学における偉大な詩人らが綴っています。

たとえば古代ギリシア神話『オルフェウス』には、音楽のもつ不思議な力が描かれています。新妻エウリュディケが蛇に嚙まれて命を落とし、嘆き悲しむオルフェウスは冥界の王のもとに赴き、もう一度だけ妻に会わせてほしいと竪琴を奏でながら吟じます。すっかり魅了された冥王は、オルフェウスの嘆願を受け入れました。オルフェウスの奏でる音楽は、人間のみならず動物や、車輪まで動かしたと神話に綴られています。**音楽には人間の心を鎮め、道徳的に働きかける力がある、と、古代ギリシアでは考えられていた**のです。[※4]

また、**古代ギリシア人は、音楽のことを明確に「学問」とも認識**していたようです。プラトンが設立したアカデメイアは哲学と数学を教える学園ですが、同時に理想的国家を運営し、計画し、立法化する人材を養成する場でもありました。この行政官教育の予備科目として、算術、平面幾何学、立体幾何学、天文学、音

※**3**　D・J・ラウトほか『グラウト／パリスカ『新西洋音楽史　上』音楽之友社、1998年

※**4**　オウィディウス『変身物語（下）』中村善也訳、岩波書店、1984年

楽理論が必修でした。[※5] 法を学ぶうえでも、音楽の秩序を知ることが必要だというわけです。こうしたギリシア・ローマ時代の価値観が起点となり、中世以降のヨーロッパの大学においてはリベラルアーツ（人間が生きて成長していくための実践的な知恵）として、文法・修辞学・弁証法の3学と算術・幾何・音楽・天文学4学科の**自由7科**が教えられてきました。

今からおよそ2500年前、ソクラテスが音楽について語った言葉が遺っています。弟子プラトンが『国家』で綴ったものです。

「音楽・文芸による教育は、決定的に重要なのではないか。なぜならば、リズムと調べというものは、何にもまして魂の内奥へと深くしみこんでいき、何にもまして力づよく魂をつかむものなのであって、人が正しく育てられる場合には、気品ある優美さをもたらしてその人を気品ある人間に形作り、そうでない場合には反対の人間にするのだから。[※6]」

さらに、ギリシアで最初にオリンピックが行われた時は、スポーツのみでなく、芸術のオリンピックも同時に行われていたようです。**詩や音楽を競い合うことは重要な競技種目のひとつだった**のです。[※7] 現代のオリンピック憲章にも、オリンピ

※5 廣川洋一『プラトンの学園アカデメイア』講談社、1999年

音楽のレッスン

※6 プラトン『国家』上、藤沢令夫訳、岩波文庫、1979年

※7 https://reki.hatenablog.com/entry/2015/10/12/ オリンピック「芸術競技」の金メダル作品を鑑賞

ックの開催都市は、必ず芸術のオリンピックをして音楽・演劇などによって世界各国から集まる人たちの芸術的欲求を満たさなければならない、と規定されています。[※8]

このギリシア時代から時をくだり、**6世紀頃から教会音楽（聖歌）が発展**します。さらにワープして**17世紀あたりから18世紀半ばの「バロック」時代**には、王侯貴族に仕える音楽家によって宮廷などで演奏されるようになります。

その後、**18世紀後半以降に活躍した「古典派」**、そして**19世紀以降の「ロマン派」**と呼ばれる音楽家たちこそ、私たちがクラシック音楽と聞いてパッと思い浮かべる人々です。バッハやモーツァルト、ベートーヴェン、シューベルト、マーラー、ドビュッシー……がつぎつぎ登場します。

彼らがリレーして発展させてきた音楽の歴史を次章以降から、ご紹介していきます。音楽は世界の歴史とともに発展してきたので、音楽を入口として、別の視点から歴史を感じていただけたら、と願っています。

※8　http://www.soumu.go.jp/main_content/000396345.pdf　参照

2 オーケストラの歴史と楽器の変遷

クラシック音楽の歴史を振り返る前に、皆さんに演奏会へ行って音楽を聴くイメージをもっていただき、パンフレットでその日の演目を見た時に疑問を感じることがないように、念のため基礎知識をお伝えします。

オーケストラの語源は、古代ギリシアまで遡ります。その由来は、ギリシア悲劇が上演された円形劇場の中心部分で（下絵の囲み部分）、合唱隊が歌い踊り、楽器をもっていた、その場所の名称「オルケストラ」にあります。[※9] 1600年頃、ギリシア悲劇を模倣したオペラがフィレンツェで誕生し、オペラの伴奏を務めていた器楽隊が、古代ギリシア劇場で「オルケストラ」と呼ばれる位置に置かれたので、「オーケストラ」と呼ばれるようになりました。

一般的なオーケストラの場合は、指揮者のもと、10〜11ページで紹介するような楽器で構成されています。

※9 片桐功、吉川文、岸啓子『決定版はじめての音楽史』音楽之友社、2017年

囲みがオルケストラ

現在に至るまで、まず17〜18世紀半ばの「バロック」時代には「弦楽＋オーボエ＋ファゴット」という編成が確立され、ときどきフルートが加わることがあったと言われます。またこの時は、鍵盤楽器であるチェンバロもオーケストラの楽器として含まれていました。[※10] 当時、多くの楽器が発明されるとともに、従来の楽器にも工夫や改良が加えられ、使用される楽器もまだ定着していませんでした。

18世紀後半以降の「古典派」の時代から、クラリネットが加わりました。木管が各楽器2人ずつ編成されるようになり、この構成は「**2管編成**」と呼ばれています。

木管楽器：フルート、オーボエ、クラリネット、ファゴット
金管楽器：ホルン、トランペット

古典派の終盤にあたるベートーヴェンの時代に入ると、さらに楽器の種類が多彩になります。ベートーヴェンは「交響曲第5番『運命』」でトロンボーンやピッコロ、「交響曲第9番」ではトライアングル、シンバル、大太鼓などの打楽器を加えました。

※10　久保田恵一『西洋音楽史100エピソード』教育芸術社、2012年

2管編成（ベートーヴェンの「ピアノ協奏曲第3番」の演奏風景）
photo Orchestra Machiavelli, ©Fucina Culturale Machiavelli, Verona, Italy

打楽器

●ティンパニ
オーケストラで使われる打楽器の中ではもっとも使用頻度が高い。良い音を出すには、皮の張りの均一さが重要。

●その他打楽器
タンバリンやトライアングル、スネアドラムなどの有名なものを含め 1100 種以上あると言われる。

●トロンボーン
スライドを使い管の長さを変えることで、音程を調節する。皇帝や貴族、宗教儀式に、大いなる権威を与えた。美しいハーモニーから堂々とした旋律まで幅広く活躍。

●テューバ
コントラバスとほぼ同じ音域で重低音を受け持つ。大きな楽器の割には俊敏性がある。

●オーボエ
優しく美しい音色。演奏前のチューニング（音合わせ）では、オーボエの音を基準にする。

●ファゴット
薪束を意味する 14 世紀のフランス語ファゴが名前の由来。哀愁に満ちた美しいソロが得意。

●チェロ
伴奏から旋律までマルチに活躍。チェロの音域は人間の声域と一致し、弦楽器の中でも大変人気。

●ヴィオラ
やや地味な印象があるが、特有の深みのある音には、バッハやベートーヴェンなど多くの作曲家が虜になった。

●コントラバス
全長 2 メートル近いオーケストラ最大の弦楽器。どっしりとした重低音で全体の響きを支える。

写真：上野隆文

ハープ

ハープ
優雅、華麗という言葉がぴったりの美しい響き。
足の使い方が難しく、計7本ものペダルを使って
音程を変え、演奏は見た目よりもずっと大変。

金管楽器

ホルン
牛や羊などの角を加工した角笛から発展した楽器。森の中で美しく歌うような音から吠えるような音まで奏でる。

トランペット
金管楽器の中では一番高い音域で、明るく鋭角的な音色を響かせる。英雄的な音楽には欠かせない。

木管楽器

フルート
空ビンの口に息を吹き込むように音を出す。フルートは透明感のある素朴な音色。

クラリネット
まろやかな音色から華やかな音色まで多彩。高音から低音まで、音域ごとに様々な種類がある。

弦楽器

ヴァイオリン
きらびやかな音色で旋律を奏でる、オーケストラの花形。
1st と 2nd に分かれて演奏。
17 世紀初期に広く普及した。

グローヴ『ニューグローヴ世界音楽大事典』講談社、1993年
鈴木織衛『オーケストラを読む本　もっと知りたいオーケストラの話』ヤマハミュージックメディア、2000年

ロマン派の時代になると、オーケストラで使用される楽器はさらに多彩になり演奏者数も１００人を超すようになります。

コンサート会場が大きくなり、しかも街で聴こえてくる音も次第に増えて大きくなり、**聴衆が大きい音でないと満足しなくなっていった**のでしょう。曲作りも、聴く環境に合わせた壮大なものになっていきます。

20世紀につくられた、A・シェーンベルクの『グレの歌』やメシアンの『トゥーランガリラ交響曲』では、さらに編成は大きくなっています。

加えて言うと、指揮者の立ち方も様々な変遷を経てきたようです。下絵のようにオーケストラに囲まれるように指揮をすることもあったとか。

現在のようにオーケストラのほうを向き、客を背にして指揮するスタイルが定着するようになったのはロマン派以降と言われています[※11]。

A・シェーンベルク「グレの歌」演奏会（東京フィルハーモニー交響楽団提供）

※11　平田誠一郎「近代的指揮者のルーツ「指揮者の社会学」の背景として」関西学院大学社会学部紀要２００6年3月号（https://www.kwansei.ac.jp/s_sociology/attached/5054_42927_ref.pdf）

3 クラシック音楽のジャンルと曲目の見方

クラシック音楽と一口にいっても、その曲名を見ると、様々な曲種があることにも気づかれるでしょう。

「交響曲」「管弦楽曲」「協奏曲」「室内楽曲」「ピアノ曲」「声楽曲」「オペラ」「バレエ音楽」……一体どのように違うのでしょうか。※12 ざっとおさらいしておきます。

●**交響曲**：オーケストラのための大規模な楽曲で、複数の「楽章」で構成。クラシック音楽ではもっとも重要なジャンルのひとつ。語源は古代ギリシア語の「sym-phone」で、ともに鳴り響くことを意味する。「交響曲」という訳語は、明治の文豪・森鷗外による。

●**管弦楽曲**：オーケストラのために書かれた、交響曲よりは小規模な楽曲の総称。交響曲のように形式的なルールに縛られず、作曲家ごとの創意工夫が現

※12 金澤正剛『新編 音楽小辞典』音楽之友社、2004年に基づき一部加筆

れやすいジャンル。

- **協奏曲**：独奏楽器とオーケストラが対比されつつ、合奏する。ピアノやヴァイオリンといった楽器が独奏（ソロ）として脚光を浴び、名人芸を披露する華やかな作品が多いのも特徴。
- **室内楽曲**：少人数で合奏される音楽。もともと王侯貴族が演奏家を招いて宮廷の広間で演奏をさせたのが始まり。もっともポピュラーな「弦楽四重奏」はヴァイオリン2本、ヴィオラ、チェロという組み合わせで、弦楽器による合奏は、交響曲と同じくらい重要な意味合いをもつジャンルと考えられてきた。
- **ピアノ曲**：独奏ピアノのために書かれた作品の総称。2〜3分ほどの小さな作品から、30分を要する大規模な作品まで多様である。複数の楽章で構成される「ピアノ・ソナタ」は、歴史的な名作も多い重要なジャンル。
- **声楽曲**：人間の声を中心とした音楽で、「器楽曲」の反対語。独唱から、4人程度のアンサンブル、あるいは100人を超える合唱のように大規模なも

弦楽四重奏
（Estonian Foreign Ministry（CC BY 2.0））

のまで幅広い。

- **オペラ**：音楽・美術・舞踊といった様々な方法を用いて物語を表現する音楽劇。多くの人々が関わり、大規模な劇場で上演されるオペラのスペクタクルは古くから人々を魅了してきた。
- **バレエ音楽**：踊り（バレエ）と一体となって物語を表現する音楽。バレエとは関係なく、オーケストラだけのコンサートでも演奏できるように「バレエ組曲」として編曲することも一般的。

曲の表記は何を意味するのか

続いて、曲の表記——たとえば「交響曲第5番ハ短調『運命』作品67」が何を示しているのかにも、触れておきましょう。

これは言わずと知れた、「ダダダダーン」で有名なベートーヴェン作『運命』の正式名称です。

新国立劇場オペラ公演『サロメ』（提供：東京フィルハーモニー交響楽団）

ベートーヴェン　交響曲　第5番　ハ短調　『運命』　作品67
（作曲者名）　　（ジャンル）（番号）　（調性）　（タイトル）（作品番号）

「作曲者名」と、前述した「ジャンル」まではおわかりでしょう。

その後の「番号」というのは、その作曲家がそのジャンルで何曲目に書いた作品であるかを表しています。この曲であれば、『運命』というタイトルよりも、世界では「ベートーヴェンの5番」と呼ばれるのが一般的なようです。

印象的なのが「タイトル」ですが、これは曲によって、ついているものも、ついていないものもあります。作曲家が自分でつけたものでなく、興行主がコンサートを開催したり、出版社が楽譜を発売する際、「タイトル」があったほうが売れるから、とつけられたケースもあります。

最後の「作品番号」は、作曲家ごとに作品につけられた通し番号で、「op.（opus）」と書かれていることもあります。必ずしも作曲された順番とは限りません。出版の順番が前後したり、作曲家が自分で番号を振っていなかったために後世の学者が整理することがあるからです。たとえば、J．S．バッハの作品は「ＢＷＶ○○」という番号で呼ばれます。これはドイツ語で「Bach Werke Verzeichnis」、つまり「バッハ作品目録」の頭文字。後世の学者が楽曲をジャンル別に分類した番号です。

世界で人気の作曲家・曲目とは?

では、どの作曲家の、どの曲が、世界で一番多く演奏されているものなのでしょうか。

世界中のクラシックコンサートを紹介している英ウェブサイト「バックトラック(Bachtrack)」の「Classical Music in 2017」[※13]によると、**常に演奏回数のトップを競い合っているのは、モーツァルトとベートーヴェン**です(次ページ表)。その後、バッハやブラームス、シューベルト、チャイコフスキーが続きます。

ある作曲家の生年や没年から周年記念に当たる〝アニバーサリーイヤー〟には、どうしても演奏回数が多くなるのでランキングに変動は出るのでしょうが、この表を見る限り、ベートーヴェンやモーツァルトは不動の人気を保っています。

日本のオーケストラの演奏状況も見てみましょう。

プロのオーケストラの業界団体である日本オーケストラ連盟は毎年、加盟オーケストラ(正会員25団体と準会員11団体)が定期演奏会で取り上げた曲の作曲者ランキングを発表しています。

※13 https://bachtrack.com/files/73896-Classical%20music%20statistics%202017-EN.pdf

世界でよく演奏される作曲家ランキング

	2017年		2016年
1位	モーツァルト	1位	ベートーヴェン
2位	ベートーヴェン	2位	モーツァルト
3位	バッハ	3位	バッハ
4位	ブラームス	4位	ブラームス
5位	シューベルト	5位	シューベルト
6位	チャイコフスキー	6位	チャイコフスキー
7位	ハイドン	7位	シューマン
8位	シューマン	8位	ショパン
9位	ヘンデル	9位	メンデルスゾーン
10位	ラヴェル	10位	ドヴォルザーク

バックトラック「Classical Music in 2017」

日本でよく演奏される作曲家ランキング

	2017年		2016年		2015年
1位	モーツァルト	1位	ベートーヴェン	1位	ベートーヴェン
2位	ラヴェル	2位	モーツァルト	2位	ブラームス
3位	ブラームス	3位	ショスタコーヴィッチ	3位	モーツァルト
4位	ベートーヴェン	4位	チャイコフスキー	4位	マーラー
5位	チャイコフスキー	5位	ブラームス	5位	ラフマニノフ
6位	シューマン	6位	プロコフィエフ	6位	R. シュトラウス
7位	ショスタコーヴィッチ プロコフィエフ	7位	ドヴォルザーク	7位	シューマン
9位	ドヴォルザーク ブルックナー	8位	マーラー シューマン	8位	シベリウス ショスタコーヴィチ
		10位	ラヴェル ハイドン	10位	チャイコフスキー

日本オーケストラ連盟の「定期演奏会演奏回数ランキング」

この3年を見ると（前ページ表）、2015～16年度はベートーヴェンが1位でした（表にない2013～2014年度も！）。2017年度はベートーヴェンが4位で、1位モーツァルト、2位ラヴェル、3位ブラームスの順です。最新の調査でベートーヴェンが初めて1位から落ちています。なぜでしょうか。目につくのは、ベートーヴェンの交響曲やピアノ協奏曲は、定期演奏会ではなく特別な場で「全曲演奏会」が組まれるケースが増えていることです。以前から、年末の「第9」も定期演奏会より特別な演奏会で演奏されることが圧倒的に多いと思われます。

また日本オーケストラ連盟によると、近年は「序曲・協奏曲・交響曲」という定石に縛られず、自由な発想でコンサートの曲目を組み立てることが増えているそうです。その際、どんな作品とも相性が良いことで知られるモーツァルトが頻繁に登場することになったのではないでしょうか。2位のラヴェルは没後80年、3位ブラームスも没後120年のアニバーサリーイヤーだったため、演奏機会が急増したものと思われます。

基本のおさらいは以上です。

さあ、ここからはいよいよ、クラシック音楽の発展について、世界の歴史とともに紹介していきます。古典派・ロマン派といったメインディッシュに連なる、中世、ルネサンス音楽から振り返っていきましょう。

Column

数学者ピタゴラスが解明した音階

音楽そのものの歴史は非常に古く、古代メソポタミア文明の遺跡からは、今でいうリラやハープなどの弦楽器が出土し、それら楽器が奏でられていたことがわかっています。古代イスラエルの王ダビデは、36もの楽器を巧みに奏でることができた、とも伝えられています。※14

この時代から音楽家は、耳に心地よい響き（**ハーモニー**）をつくるために、弦楽器を調律していたと言われます。しかし、この美しい響きがどうしてできるのか、その構造まで考え抜く人はいませんでした。

現在、クラシックに限らず、「ドレミファソラシ」という**7音音階**（下図。はじめのドと、最後のドという1オクターブ違いの音は、同じと考えるので7つ）が西洋音楽の根本的な原理となっています。

現代のピアノでいえば、黒鍵がないミとファ、シとドのあいだは半音の差

※14 アタナシウス・キルヒャー『普遍音楽 調和と不調和の大いなる術』菊池賞訳、工作舎、98ページ

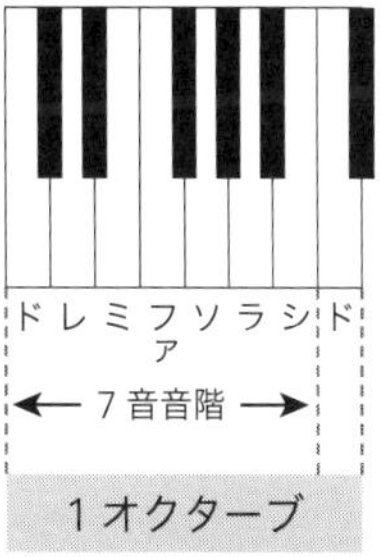

があります。また隣り合う白鍵と黒鍵にも、半音の差があります。つまり、1オクターブは7音音階であり、半音単位では12あることになります。この7つ、あるいは12の音の相対的な高低（音程という）の関係を「**音律**」と呼びます。

この音律は数学的に割り出されたもので、その大本となるアイデアが発見されたのは、今からおよそ2500年前の古代ギリシア時代まで遡ります。最初に音律をつくったのは、あのピタゴラスの定理（三平方の定理）を発見した、古代ギリシアの数学者・哲学者**ピタゴラス**（紀元前582～496年）です。後の帝政ローマ時代、光の神「アポロンの息子」だったという話が信じられていたと言われるほどの賢人ですよね。

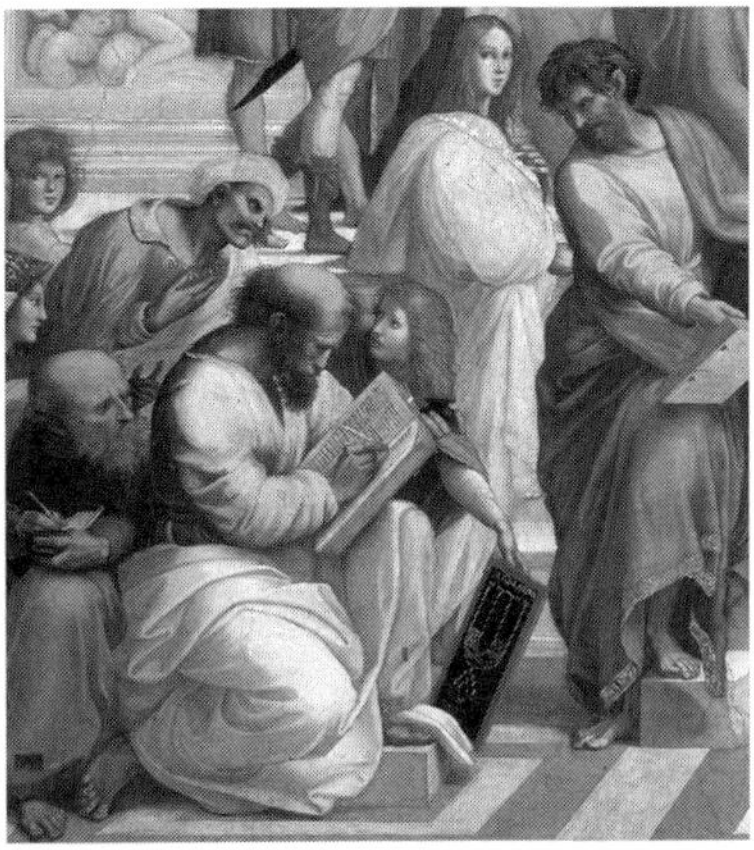
ピタゴラス（ラファエッロ「アテナイの学堂」）

ピタゴラスやその弟子たちによる**ピタゴラス学派**は、「万物には数の法則が内在する」と見抜き、数学で宇宙や自然を認識し、法則を発見し

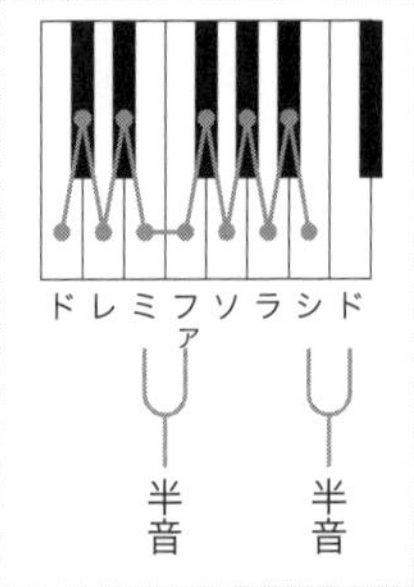

ていくのですが、最初の発見がこの音律だったとも言われています。美しいハーモニーの裏にある、いつも決まったパターンを解明し、これを宇宙にも当てはめていきます。

古代ギリシアに音波を計測するオシロスコープはありませんでした。ピタゴラスは、カノンの弦の長さを変えながら音の高低を確認し、数学的に美しい整数倍波が重なるときれいな和音ができるとして、音律を決めていったそうです。

まず、ある音の1オクターブ上の音は、弦の長さを2分の1にすればできます。周波数はちょうど2倍になり、音はぴたりと合って揺らぎません。この音波を「2倍波」といいます。弦の長さを2分の1にすると、周波数は反比例で2倍になるという数学と物理の原理です。

ピタゴラスは次に弦の3分の1の箇所に節を設け（ギターやマンドリンのフレット）、「3倍波」をつくりました。どこも押さえない弦（開放弦）をC（ド）として、3分の1の箇所を押さえると、G（ソ）が出ます。つまり3分の1の箇所に節を置き、長い側の弦を鳴らすとGで、そして短い側の弦を鳴らすと、そのオクターブ上のGが出ることがわかります。

このC（ド）とG（ソ）、2つの音を同時に鳴らすと、きれいに調和して和音をつくります。「きれいに調和」とは、まったくうなりが発生せず、まっすぐに美しくハモるということです。これを**協和音**といいます。反対語は音波が乱れる**不協和音**です。

2倍波と3倍波は、計数で1の差ですから整数比の関係です。周波数が整数比の場合の和音は、きれいに協和するということがわかったのです。

ピタゴラス学派はこの2倍波と3倍波の関係だけで7音音階を設計したとされ、彼らが設計した音階の高低差を**ピタゴラス音律**といいます。この仕組みについて、ピタゴラスは何も書き残していませんが、興味のある方は後世の専門書をひもといてみてください。

このピタゴラス音律は、後で紹介するグレゴリオ聖歌の理論的祖先とされます。

第1章

音楽から見るキリスト教と技術の発展

クラシック音楽の夜明け

1 キリスト教とローマ帝国の興亡：グレゴリオ聖歌

クラシック音楽の原点を考えるうえで、キリスト教の発展を無視するわけにはいきません。時代で言えば、ちょうど西ローマ帝国が滅亡した5世紀半ばから、東ローマ帝国が滅亡する15世紀半ばまでの約1000年間、いわゆる「中世」の頃です。読んで字のごとく、2つの時代の真ん中という意味で、〝古代ギリシア時代〟と〝ルネサンス時代〟の間を指します。この間に、クラシック音楽のルーツとも言われる「グレゴリオ聖歌」が進化し、キリスト教の布教とともに広がっていきました。

では、まずグレゴリオ聖歌とはいったいどのようなものか、紹介していきましょう。

グレゴリオ聖歌とは、キリスト教の礼拝で、聖書の言葉や祈りの聖句を1本のメロディにのせて歌う聖歌です。当時も今もラテン語で歌われます。正式名称は

カントゥス・ロマヌス「**ローマ聖歌**」ですが、グレゴリオ聖歌という通称で一般に呼ばれます。[※1]

グレゴリオ聖歌は単旋律で歌われ、1オクターブの範囲で動き、下行して終わります。最後の音を「終止音」といいますが、たとえば「ド」で終わる旋法は「**イオニア旋法**」、「レ」で終わる旋法は「**ドリア旋法**」などと名づけられていて、ドからラまで6つの基本となる旋法がありました。後にベートーヴェンが「ファ」の音で終わる「**リディア旋法**」を取り入れた弦楽四重奏を作曲していて、楽譜には「リディア調で、病癒えたるものの神への神聖なる感謝の歌」と書かれています。

グレゴリオ聖歌が登場する以前、初期キリスト教においては、各地で別々の聖歌が歌われていました。広くヨーロッパに布教される過程で地元の文化とふれあい、礼拝の形式や音楽のあり方が様々に変化していったのです。

そこで、すべてを統一していこう！　と号令をかけたのがローマ教皇のグレゴリウス1世（在590〜604年）でした。**統一された新たなローマ聖歌は、改革に乗りだしたその名に因んで「グレゴリオ聖歌」と呼ばれる**ようになりました。

このグレゴリオ聖歌が、キリスト教の典礼によって普及・拡大し、西洋音楽の基盤となり、ルネサンス、そしてバロックと音楽が発展していきます。**グレゴリオ**

※1　金澤正剛『中世音楽の精神史：グレゴリオ聖歌からルネサンス音楽へ』講談社、1998年

聖歌は、まさにクラシック音楽のルーツと言えるでしょう。

このグレゴリオ聖歌の普及に力を尽くしたのが、**シャルルマーニュ国王（カール大帝）**でした。

5世紀末に成立したフランク王国（現在のフランス、北イタリア、南ドイツを含むヨーロッパ中心部）では、版図の拡大に伴い、文化の異なる広域を治める大義を必要としました。そのための**信仰と権威の両方を備えていたのがローマ・カトリック教会**だったのです。シャルルマーニュ国王により、全国に修道院・学院が設立（公用語はラテン語）され、配下の地域すべてで、同じ教育や典礼が行われるよう制度づけられました。それによって、ローマ式典礼やグレゴリオ聖歌がヨーロッパに普及していきます。

このように、**宗教的儀式が、音楽、音響、美術、色彩によって権威をもつ**

伝説では、聖霊を表象する鳩がグレゴリウス1世に霊感を与え、グレゴリオ聖歌を書き取らせた。

カール大帝

のは、世界いずこも同じです。ローマ教会の典礼の様式が普遍となるわけですが、この「普遍」の直接の語源はギリシア語で「katholike」、この語は「kat'holou（すべてに即している）」からきていて、「カトリック」の語源にもなっています。

それ以前、キリスト教の音楽には、苦難の時代もありました。

というのも、ローマ帝国は当初、キリスト教を弾圧していたからです。しかし、皇帝コンスタンティヌス1世が313年、キリスト教を認めたことで流れが一変しました（**「ミラノ勅令」**）。さらに392年、テオドシウス1世は、キリスト教をローマ帝国の国教と定めます。弾圧しても迫害しても増え続けるキリスト教徒の集団を、帝国の内部に取り込むことにしたのです。**ローマ教会**はこの時期に組織化され、ローマ教皇を頂点とする巨大組織が成長していきました。

キリスト教をローマ帝国の国教としたテオドシウス1世は、自分の後を継ぐであろう息子たちに大帝国を治める能力がないと考え、帝国を二分してそれぞれの皇帝とすることにしました。コンスタンティノープル（イスタンブール）を首都とする**東ローマ帝国**と、ミラノを首都とする**西ローマ帝国**に分裂します。キリスト教国教化の3年後、395年のことでした。西ローマ帝国は成立からわずか80年で、476年に滅亡します。これはゲルマン人の大移動によって帝国内にゲルマン諸族が進入し、帝国が弱体化していたことによります。

そして帝国のみならず、ローマ教会も1054年に東西に分裂します。分裂したもう一方を**正教会**あるいは**東方教会**といい、東ローマ帝国の首都コンスタンティノープル（当時はギリシアの領内でした）が中心でした。グレゴリオ聖歌が西方教会で発展していったのと同様、東方教会ではビサンティン聖歌と呼ばれる独自の聖歌が発展していきました。

ポリフォニーとノートルダム楽派

9世紀頃、グレゴリオ聖歌を歌う修道士たちは、聖歌のレパートリーを増やすために、単旋律で歌われていた**グレゴリオ聖歌にもうひとつ旋律をつけて歌う方法**を見つけ出します。

最初はひとつの旋律だけを対置させていましたが、2声、3声と増えつづけ、**多声音楽**が誕生します。この多声音楽のことを「**ポリフォニー音楽**」と呼びます。

12世紀後半にパリのノートルダム大聖堂で活躍した作曲家レオニヌスとペロティヌス[※2]が生んだポリフォニー音楽作品は、当時ヨーロッパ各地で大きな影響を与えました。音楽史では、彼らを「**ノートルダム楽派**」と呼んでいます。

こうして、神を賛美するために、修道士がグレゴリオ聖歌をもとにたくさんの

※**2**　D・J・グラウトほか『新西洋音楽史　上』音楽之友社、2010年。ほかに、「レオナンとペロタン」といった表記も見られる。

曲をつくりました。

修道士たちが「ネウマ」という記号を使って旋律の高低の動きを記録した「**ネウマ譜**」を遺してくれているおかげで、現代の私たちも中世の音楽を再現し、聴くことができます。グレゴリオ聖歌が、ヨーロッパ中に普及していった事実は、各地に遺されたネウマ譜によって知ることができます。

皆川達夫著『ミュージックギャラリー（8）楽譜の歴史』※3には、古代ギリシアの文字による楽譜から、最初期のネウマ譜を経て近代記譜法の初期に至るまで、現物の写真で紹介されています。一読すると、楽譜が形成されていく過程がよくわかって楽しい1冊です。

ネウマ譜の一例

ネウマ譜の登場から500年間、楽譜は手書きで彩色され、美しい美術工芸品でもありました。その所有者は、王と貴族、そして教会や修道院です。**楽譜のコレクションは富の象徴**でもありました。

※3 音楽之友社、1998年

2 技術の発展と音楽メディアの誕生

古代ギリシアの知の集積は、4世紀以降に東ローマ帝国を経てイスラム世界に移ります。**イスラム帝国は古代ギリシアの数学、天文学、医学といった多様な知識を保存**し、学びました。一方、西欧世界はゲルマン大移動などをはじめとする動乱によって、書物や修道院など文化遺産が破壊された結果、古代ギリシア文化と断絶します。

8世紀にイスラム帝国はスペイン全土を占領し、最大の版図を獲得します。キリスト教圏のヨーロッパは、スペインを1492年にようやく奪回。この間、イスラム帝国がスペインに遺したギリシア語やアラビア語訳の文献を発見し、この**古代ギリシア・ローマの文化を模範に、ヨーロッパは神や教会を中心とする世界観から、新しい人間中心の世界観、ルネサンスへと転換**していきます。

そうした価値観の転換を背景に、中世時代には私たちがよく知る世界の名門校が誕生しています。

たとえば、ボローニャ大学の創立は1088年、オックスフォード大学は11世紀末、パリ大学1150年、ケンブリッジ大学1209年、プラハ・カレル大学1348年、ウィーン大学1365年……これほど多くの大学がこの時期に設立されたのは、西欧世界の古典を探求する目的があったからではないでしょうか。

これらの大学の共通点として、前述した自由7科（リベラルアーツ）の習得が義務づけられており、ここで音楽の教材として使われたのが、イタリアの哲学者ボエティウス（480～525年頃）の『**音楽教程**』です。中世の大学においてこの著書は、必読の書でした。[※4] 内容については、金澤正剛著『中世音楽の精神史』にわかりやすく綴られています。


さて、この後の**西洋音楽の拡大と切っても切れないのが、楽譜の流通**です。

まず紙は、すでに2世紀の中国で発明されていました。

印刷については、金属活字と木版印刷は高麗（朝鮮）で13世紀に、そして15世紀朝鮮・李朝の世宗の時代に活版印刷が実用化されました。ヨーロッパの活版印刷は1450年ごろのドイツで、**ヨハネス・グーテンベルク**（1400年頃～1468年）によって創始されます。グーテンベルクは「42行聖書」[※5]などの刊行

※4　金澤正剛『中世音楽の精神史：グレゴリオ聖歌からルネサンス音楽へ』講談社、1998年

※5　1ページ当たり42行×2段組みだったので、こう呼ばれる。通称「グーテンベルク聖書」。

を通じて宗教改革に寄与し、知の基盤となる書物の大量流通を可能にして社会に大きな影響を与えました。

新技術と、変化を生み出す機運（ルネサンス）が共存した結果、社会を大きく変化させるイノベーションが実現したのです。

やがて音楽の譜面を印刷して出版する、という新しいビジネスを始める人物が出現します。ヴェネツィアの**オッタヴィアーノ・ペトルッチ**（１４６６～１５３９年）です。１５０１～２０年の間に61点の楽譜集を出版しました。ペトルッチがヴェネツィアで最初に出版した『オデカトンA（Hermonice Musices Odhecaton A）』は、複数の作曲家による96曲の多声歌曲を収録した楽譜集で、最古の印刷譜と言われています。[※6]

ペトルッチは、垂直方向の音符と、水平方向の譜線、それに歌詞を、それぞれ版を分けて刷る方法で合理化したそうです。それでも手間がかかり、最大１５０部の印刷が限界だったため、値段は**手書き美術本と同程度に高価**だったのです。[※7]

しかし、ペトルッチの挑戦を機に、ヨーロッパのほかの豊かな都市でも楽譜出版を行う事業者が増えていきます。コストダウンと技術革新が続き、ローマ、フィレンツェ、パリ、アントワープ、ニュルンベルク、アウグスブルクなどに楽譜

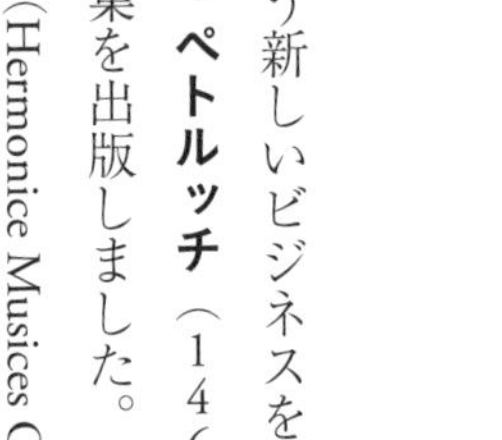

楽譜『オデカトンA』の表紙

※6　柴田南雄『西洋音楽の歴史　上』音楽之友社、１９６７年

※7　大崎滋生『楽譜の文化史』音楽之友社、１９９３年

※8　フーゴー・ライヒテントリット『音楽の歴史と思想』服部幸三訳、音楽之友社、１９５９年

出版社が誕生しました。[※8]

楽譜が「美術品」から、作曲家による音楽作品の「媒体（メディア）」へ大転換し、王侯貴族だけでなく、大航海時代を迎えて富裕になった市民階層に流通する可能性が出てきたのも、ルネサンス期（15世紀〜16世紀）でした。

実は、このルネサンス期に、日本人が初めて西洋音楽に出合うことになります。ローマ・カトリック教会（イエズス会）の宣教師**フランシスコ・ザビエル**（1506〜52年）が九州に到着したのが1549（天文18）年のこと。山口や京都でも布教しています。

ここで修道士が歌ったグレゴリオ聖歌こそ、日本人と西洋音楽との初めての出合いです。そして数年後には、日本人信者によるラテン語の合唱も行われ、1581年には、織田信長（1534年頃〜82年）が安土でキリスト教の学校（セミナリオ）で学ぶ少年たちの声楽と器楽演奏を聴いたといいます。[※9]

また、九州のキリシタン大名・大友宗麟（1530〜87年）らによって1582年にヨーロッパに派遣された天正遣欧少年使節団は、1590年に帰国します。豊臣秀吉（1537〜98年）の前で、持ち帰ったリュート、ハープ、クラブサンなどを演奏しました。秀吉は3回繰り返し演奏させて喜んだ、と伝え

ザビエル

※9　皆川達夫『中世・ルネサンスの音楽』講談社、1977年

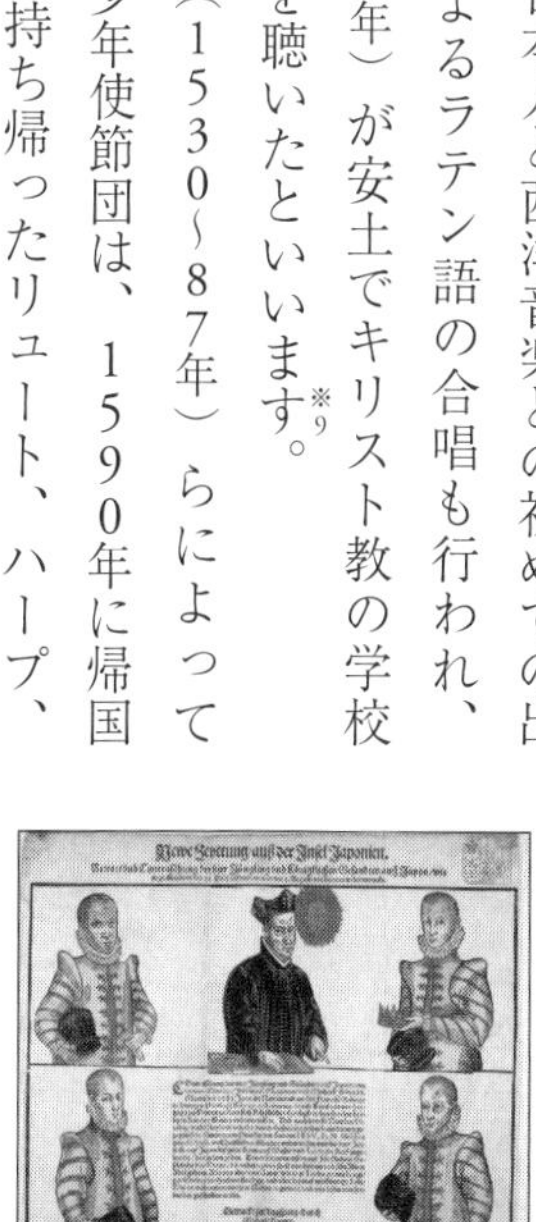

天正遣欧少年使節団。ドイツで印刷された肖像画（京都大学図書館蔵）

られています。さらに徳川幕府成立後の1605年には、長崎で赤黒2色刷りの典礼書が印刷され、この中にグレゴリオ聖歌が入っていました。[※10]

しかし、秀吉の**バテレン追放令**（1587年）と**禁教令**（1596年）、徳川幕府による1612年以降の禁教令で西洋音楽は断絶し、1868年の**明治維新前後まで、日本では西洋音楽の長い空白期間**ができました。後の日本における西洋音楽普及の歴史は、最終章でご紹介しましょう。

※10　宗村泉「わが国の印刷の過去、現在、未来」「表面技術」第61巻第12号所収、表面技術協会、2010年

3 ルターの宗教改革と賛美歌

16世紀初頭に、ドイツではローマ教会を震撼させた大きな動乱が起きます。北ドイツ・ザクセン地方の小都市にあったヴィッテンベルク大学の神学教授**マルティン・ルター**（1483〜1546年）による宗教改革です。

ルターはローマ教皇が免罪符をドイツで発売したことに対し、1517年に「95か条の論題」を公表して教皇を批判します。教皇を頂点とする聖職者階層の贅沢な暮らしぶりを腐敗だと批判し、信仰だけに生きることを善としました。[※11]

ルター

※11　マルティン・ルター『宗教改革三大文書』深井智朗訳、講談社学術文庫、2017年

ローマ・カトリックのラテン語による聖書や聖歌に対し、ルターは『新訳聖書』をドイツ語に訳し、グーテンベルクが発明した印刷機によって広く頒布しました。こうしてカトリックに対する**プロテスタント**が生まれたのです。

聖歌もドイツ語による作品が推奨され、**音楽が大好きだったルター自身も賛美歌を作詞作曲**しています。こうしてドイツで大量の賛美歌が誕生することになりました。既存の様々なメロディを流用した曲も多いようです。このような賛美歌を「**コラール**」といいます。専門の音楽教育を受けた聖職者だけでなく、**一般の市民が歌い、演奏するので、覚えやすく歌いやすい素朴さがコラールの特徴**でした。

ちなみに、19世紀ドイツ・ロマン派の作曲家**フェリックス・メンデルスゾーン**（1809〜47年）は、「交響曲第5番」の第4楽章冒頭を、木管楽器の合奏による賛美歌「神はわがやぐら（Ein' feste Burg ist unser Gott）」で始めています。この曲はルターが1527〜28年頃に作詞作曲した賛美歌で、ルター派プロテスタントだったメンデルスゾーンはこの曲の主題を引用しています。この交響曲には「宗教改革」という標題もつけられています。

メンデルスゾーンは、赤貧の中で哲学を修めカントに並び称される大哲学者になったモーゼス・メンデルスゾーンの孫として生まれました。十代の頃にはゲー

メンデルスゾーン

テと親しく議論をしたというほど、祖父譲りのインテリ肌だったようです。

ちなみに、彼の正式な名字はメンデルスゾーン・バルトルディ。「バルトルディ」は大銀行家だった父がつけたものです。「メンデルスゾーン」が明らかにユダヤ系の苗字のため、差別を恐れ目立たなくさせるためにつけたと言われています。ただフェリックス自身はあまり「バルトルディ」をつけることに乗り気ではなかったようで、しばしば省いてメンデルスゾーンとだけ名乗ったので父の怒りを買っています。

民族的な差別があっても突出した力をもっていれば出世できた、**当時のベルリンという大都市が天才フェリックスを生んだ**、とも言えそうです。

メンデルスゾーン交響曲第5番第4楽章の冒頭（賛美歌名も記されている）

4 芸術先進国だったイタリア：オペラ誕生

ここで、オペラの誕生とともに、当時の**芸術先進国だったイタリア**の様子を振り返っておきましょう。

オペラは、1600年頃フィレンツェで生まれました。バルディ伯宮廷に集まった文化人たちがグループ「カメラータ」を結成し、ギリシア悲劇を模倣してつくろうとしたことがきっかけです。オペラが生まれる以前から、絶大な財力をもち芸術を愛すメディチ家によって、ミケランジェロやレオナルド・ダ・ヴィンチ、ラファエロらが大活躍し、テーブルマナーや料理、貴族の娯楽として始まったバレエなど、あらゆる文化も花開きました。

そして、**東方貿易で巨万の富を得たのがヴェネツィア**です。1637年ヴェネツィアで最初のオペラ劇場ができ、その後、30余年間に9つも劇場が建てられます。[※12] オペラは、婚礼や要人接待などとして上演され、ハッピーエンドで終わる『エウリディーチェ』（J・ペーリ作）は、メディチ家の娘とフランス王アンリ4世の結婚に際して上演されました。一般庶民は劇場には入れず、

世界一美しいと言われるヴェネツィアのフェニーチェ歌劇場

※12　宮本直美『コンサートという文化装置　交響曲とオペラのヨーロッパ近代』岩波現代全書、2016年

外交官や貴族らが通う劇場のロビーは、恰好の社交の場、交渉の場、ビジネスの場として活用されていました。

関連して思い出されるのは、私が２００３年に、ニューヨーク・フィルハーモニック（ＮＹフィル）で学んでいた時のことです。ＮＹフィルの演奏会場、またメトロポリタン歌劇場で、多額の寄付をしているお客さま、たとえばウォールストリートの金融関係者らは休憩室が一般とは別に設けられており、そこでワインを片手に話し込んでいる姿をよく目にしました。

日本においても、企業がスポンサーとなって年末恒例で開催されるベートーヴェン「第９（交響曲第９番）」公演のロビー会場は、スポンサー企業が招待客の皆さまに挨拶をされる場でもあります。ある日、元総理大臣がサントリーホールへいらした際、某国からのお客さまをご紹介したところ、後に、よい関係ができたと大変感謝されたこともありました。

ＮＹ、パリ、バンコク、中国、韓国、シンガポールなど、東京フィルの仕事で数多く公演やレセプションの仕事に関わりましたが、ビジネスパーソンの皆さまは、公演終了後のレセプションで顔つきが一気にビジネスモードに変わります。交渉の場としての劇場のロビーは、４５０年前のイタリアのオペラ劇場と似た風景かもしれません。

モンテヴェルディ

さて、〝オペラの祖〟イタリアの作曲家**クラウディオ・モンテヴェルディ**（1567年頃〜1643年）はご存じでしょうか。サン・マルコ寺院の楽長も務めたモンテヴェルディは、この時代のイタリア音楽界を代表する作曲家でした。ドラマティックな表現性を追求し、プラトンらの哲学書を読み、歌手が歌う「言葉」のもつ力を、どのような音、どのような演奏を通じて、より強く訴えることができるか、実験を重ね続けたと言われます。

また、**オペラの伴奏部だったオーケストラが自立していくよう改革**していきました。

そして現在も、1607年にイタリアのマントヴァで初演されたモンテヴェルディ作のオペラ『オルフェオ』の楽譜が残っているのです。当時のオーケストラの編成や人数を知ることができる最古の楽譜で、大変貴重な資料です。

ここで、モンテヴェルディが遺した楽譜を見てみましょう。著名な指揮者サー・ジョン・エリオット・ガーディナー自身が書いた、1985年に録音されたレコードのライナーノートに英語で説明が記されています。

現代ではなじみのない楽器も並び、非常にバラエティ豊かです。コルネット

「オルフェオ」の楽譜の表紙

スコア3ページ目の管弦楽編成表

【管楽器】	【弦楽器】	【通奏低音】
ソプラノ・リコーダー　1	フレンチ・ヴァイオリン2	ハープシコード2
コルネット（ツィンク）2	ヴィオラ10	ハープ1
トランペット3	チェロ　3	アーチリュート2
トロンボーン3	コントラバス2	室内オルガン2
		パイプ・オルガン1

（ツィンク）という楽器は、木製の角笛のような楽器で16〜17世紀に人気がありました。

楽譜には、個々の音符をどの楽器が演奏するかは書かれていません。モンテヴェルディは自分の求める音を色々な楽器で試し、実験していたのでしょう。

楽譜と言えば、第2節で紹介した〝音楽界のグーテンベルク〟オッタヴィアーノ・ペトルッチが1501年に楽譜の印刷を始めて以来、ヴェネツィアには楽譜出版業者が集積しています。

有名なのは〝出版界のミケランジェロ〟と言われた**アルド・マヌーツィオ**（1450頃〜1515年）です。[※13] イタリック体と句読点を導入し、文庫本を発明しました。まさにルネサンスの偉人と言えるでしょう。

※13　アレッサンドロ・マルツォ・マーニョ『そのとき、本が生まれた』清水由貴子訳、柏書房、2013年

1543年に創立され、現在もヴェローナに存続している音楽ホール〝アカデミア・フィラルモニカ・ディ・ヴェローナ〟の図書館には、蔵書がほぼ当時のまま保管されており、中世の楽譜は230冊、そのほとんどは16世紀のマドリガーレ（多声世俗歌曲）です。**当時の貴族や中産階級の市民には、夕食後に楽器を弾いたり歌を歌ったりして過ごす習慣**があり、そのために楽譜は日常的に使うものでした。

芸術家たちの才能が一気に開花し、類稀な芸術作品が数多く生まれたルネサンス時代。華やかなオペラに隠れて、どこか脇役だったオーケストラが少しずつ主役になっていく時代がやってきました。

5 ルイ14世とフランスのプライド：宮廷舞踊音楽とオーケストラ

芸術の宝庫イタリアからオペラが入ってくるやいなや、イタリアの物真似ではなく、**独自の様式をつくり上げていったのがフランス**です。バレエもイタリアから取り入れて、発展させました。作曲家もイタリアから呼んできて、このイタリア人がフランスで大活躍します。

ここからは少しフランスのお話をいたしましょう。

72年にわたって、フランス史上もっとも長く国王を務めた〝太陽王〟**ルイ14世**（在位1643～1715年）。ルイ14世は、君臨する国王のイメージを形成するうえで、芸術を重要視していました。

ルイ14世の芸術政策のキーワードは「王の栄光」。その栄光を示す舞台となったのが、ルイ14世が建造したヴェルサイユ宮殿です。

音楽をこよなく愛する国王は、目覚めてから就寝するまで常に音楽に伴われ、宮廷は150名以上の公式音楽家を抱えていました。日々行われるミサでは、礼拝堂に約90人の歌手、そして3カ月ごとに交代する4人のオルガン奏者（バロック時代を代表する作曲家フランソワ・クープランもいました）がいたと言われています。[※14]

そのほかにも、

・王室楽団付きの作曲家の作品を演奏する王室楽団

ルイ14世（リゴー、ルーヴル美術館蔵）

ヴェルサイユ宮殿鏡の間

※**14**　グローヴ『ニューグローヴ世界音楽大事典』第19巻、講談社、1997年

・宮廷バレエや様々な祝祭、式典の際に演奏する「王の24人のヴァイオリン」と呼ばれる世界で初めて組織化された独立した楽団
・王の私的な娯楽のために舞台と演奏会の両方で音楽を演奏する選りすぐりの「小ヴァイオリン合奏団」
・外交儀礼、馬上競技会、行進、狩猟パーティなどで演奏する王室大厩舎付き楽団

……といった具合に、場面に合わせて王のために活躍する音楽家を抱えていました。軍隊の行事にも、王とともに楽隊が出かけた様子が、絵に残されています。ここで大活躍をした、これらの音楽大組織のリーダーが、イタリア・フィレンツェ出身の**ジャン＝バティスト・リュリ**（1632〜87年）でした。

日本ではあまり知られていないリュリの功績

リュリは「美しいフランス音楽の父」と史家ティトン・デュ・ティエにたたえられ、没してからフランス音楽の守護聖人として聖徒の列に加えられました。[※15] 1643年フィレンツェの製粉業を営む家の息子として生まれ、1661年、18歳の時にフランスに渡り帰化して改名しました。そして49歳で貴族としてフラン

リュリ

※15 グローヴ『ニューグローヴ音楽大辞典』講談社、1993年

ス国王の秘書官に迎え入れられ、楽譜には「貴族、フランス国王の顧問官・秘書官、ならびに国王陛下の楽団総監督、ド・リュリ氏による」と記されるまで上りつめたのです。

しかし日本では、リュリの一般的な知名度はあまり高くありません。**ヨーロッパでは古楽の演奏が盛んで、リュリの作品もレパートリー**となっており、広く知られているのですが、おそらく日本では古楽演奏に接する機会自体が少なかったため、あまり知られていなかったのではないでしょうか。

リュリについて知られている数少ないエピソードといえば、１６８７年1月の演奏会で、当時の指揮のスタイルのとおり重い鉄の杖で床を叩いてリズムをとっていたところ、誤って自分の足を突いてしまい負傷したことでしょう。しかも、その傷が化膿して破傷風に感染し、壊疽を引き起こしてなんと2か月後に亡くなってしまったのです（巻末付録の「クラシック音楽が観て楽しめる映画30選」で紹介している『王は踊る』をぜひご覧ください）。

当時のフランスは、文化先進国イタリアと比べて、ヴァイオリンを弾ける演奏者や楽器が少なかったようです。**リュリは国王の催す豪華な祝宴に必要な、音量が大きく華やかな響きをつくるために、弦楽器に新たな楽器を加えることを模索**

していました。

　ある日、軍楽隊で見かけたオーボエ（写真）に目をつけ、ヴァイオリンの通常の音域をカバーできるように改造し、旋律パートをヴァイオリンとオーボエで奏でることに成功しました。その結果、弦楽器と管楽器が交じり合う編成が生まれ「管弦楽」の大きな一歩を踏み出すことになります。

　そしてリュリは、優れた踊り手でもあったルイ14世や〝フランスの精神〟とも言われる喜劇作家**モリエール**（1622～1673年）とともに、バレエの発展に大きく貢献しました。メディチ家のカトリーヌ・ド・メディシスがアンリ2世に嫁いだ際、イタリアからフランスにもたらされた宮廷舞踊はヴェルサイユで発展していったのです。

　リュリはモリエールとともに、前口上、芝居、合奏、歌唱、舞踊を組み合わせた**コメディ・バレ**（Comedy Ballet）というジャンルを確立します。その代表作が、モリエールの台本による『町人貴族』（1670年）でした。モリエールはリュリより10歳年長で、リュリと同時期に国王の庇護を受け、多くのコメディ・バレを遺しています。その大半はリュリが作曲しています。

オーボエ

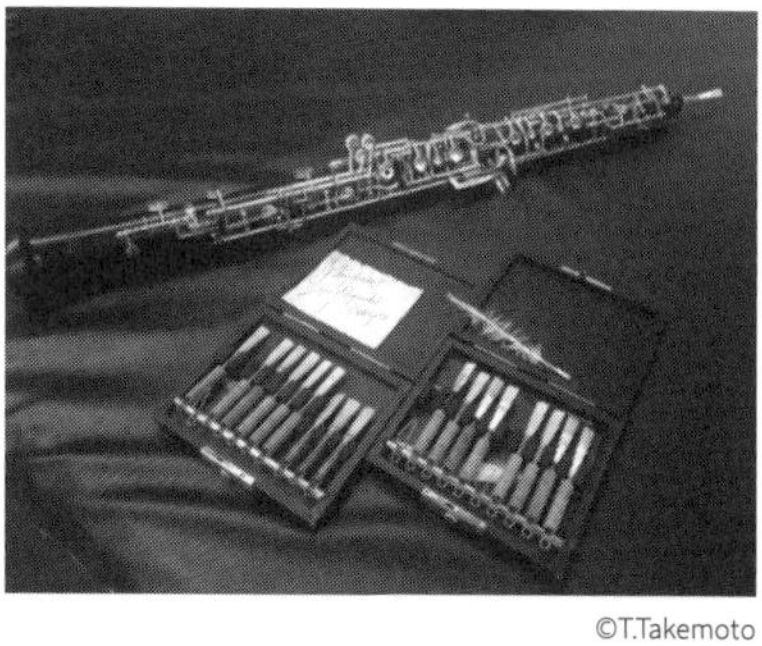

©T.Takemoto

モリエール

『町人貴族』は当時のフランスにとって脅威だったオスマン帝国のトルコ人を揶揄する喜劇で、ムフティ（イスラム法学者）が登場します。ムフティを演じたのはリュリ自身、モリエールは主人公ジョルダンを演じたと伝わっています。1670年、モリエール劇団によって宮廷で初演されたそうです。

こうした「トルコ趣味」の音楽は、18世紀のモーツァルトのオペラ『後宮からの誘拐』（1782年）など多くの作品で見ることができます。

リュリの作品では『町人貴族』がもっともよく知られていますが、これは後に作家フーゴ・フォン・ホフマンスタール（1874〜1929年）がモリエールの台本をドイツ語に翻案し、音楽をリヒャルト・シュトラウスが作曲して1912年に初演された『町人貴族』で知られるようになったからでしょう。今日でも、作曲者による組曲版が演奏されています。

リュリは『町人貴族』の後、オペラの作曲に取り組み始めました。フランス古典劇の抑揚を研究し、フランス語がイタリア様式のオペラには合わないことを悟り、新たに〝**叙情悲劇**〟と呼ばれるフランス・オペラを確立します。フランス人が好むよう、いえルイ14世が好むよう舞踊の要素を際立たせ、劇の進行を早め、一幕を踊りで満たすことも多かったと伝えられています。リュリは亡くなるまで

オペラ「アルセスト」の野外上演の様子。オーケストラは舞台下の左右に配置。

毎年のようにオペラ作品を発表し、フランスで熱狂的な歓迎を受け続けました。

また、オペラ公演等で最初に演奏される序曲として、リュリは新たな形式を打ち立てました。ゆっくりと堂々した曲調で始まり、その後は快活な音楽が続き、再び最初の堂々とした音楽に戻ります。緩・急・緩の形式です。これは「**フランス風序曲**」と呼ばれ、バッハやヘンデルなど、バロックのすべての作曲家のお手本となっています。

そして、リュリは楽器の種類や数を変えたり演奏技術を向上させることで、オーケストラを充実させていきました。それは遠く離れたイタリアで先輩モンテヴェルディが楽器の組み合わせ（編成）を変えて音響効果をバージョンアップしたのと同様に、**オーケストラをオペラやバレエの伴奏という「脇役」から器楽演奏のみの「主役」として成長**させました。リュリは、徹底的に音楽家を特訓し、厳しい規律を彼らに課し、その基準から逸脱した演奏をする音楽家がいると、背中にヴァイオリンをたたきつけて壊してしまった、という話が残っているほど厳しい指揮者だったようです。

野心家リュリについては、奔放な生活態度を伝えるエピソードも沢山ありますが、フィリップ・ボーサンが名著『ヴェルサイユの詩学――バロックとは何か』[※16]で、次のように綴っています。

「彼は政治家以上に抜け目がなく、その分野での彼の能力は天才的であった。従って、リュリのオペラは、すべて、十七世紀のフランスが作り出した唯一の叙事詩であり、〈太陽王〉に捧げられた唯一のものである。それらは、ほとんど変更されずに、ルイの治世の歴史をすべて含んでいるのである。その証拠は、耳を傾けるだけで十分だろう」。

ルイ14世の芸術政策。いかに芸術を通して「王の栄光」を表すか。それを見事にやってのけたリュリが遺してくれたものは多く、現在、世界に誇るパリ・オペラ座、パリ国立バレエ団など、ルイ14世やリュリの時代に設立された団体が名前を変えて、今も私たちに大きな夢を与えてくれています。

※16 藤井康生訳、平凡社、1986年

第2章

文化の受け手を広げた市民革命

「バロック」から「古典派」へ

1 荒廃から立ち上がるドイツ：「バロック音楽」の完成

バロック時代の代表的な作曲家といえばバッハとヘンデルが双璧でしょう。もちろん、イタリアのアントニオ・ヴィヴァルディ（1678〜1741年）など、重要な作曲家はたくさんいますが、今日に至る影響力が強いのはバッハとヘンデルだと思います。ベートーヴェンも「昔の巨匠のなかで、ドイツ人ヘンデルとセバスチャン・バッハだけが真の天才を持っていた」と語ったといいます。[※1]

後ほど詳述しますが、**バッハとヘンデルは同じ1685年生まれ**です。亡くなったのは、バッハが1750年、ヘンデルが1759年です。**2人が没した1750年頃がバロック時代の終わり**と言われています。

前章でも触れたとおり、**ルネサンス、バロック音楽の時代を通じて、その中心地となったのはイタリアとフランス**でした。ドイツやイギリスでも、ほとんどイ

ヴィヴァルディ

※1　ベートーヴェン『ベートーヴェン　音楽ノート』小松雄一郎訳編、岩波書店、1957年

タリア発のオペラが上演されていました。

オペラがイタリアから発信され、ヨーロッパ各地へ広がっていったことは、前述の通りです。

オペラ以外にも、バロック時代の音楽には演劇と結びついた作品が大量に遺されています。

たとえば、宗教的なテーマをドラマ化した「**オラトリオ**」という音楽作品が16世紀後半にイタリアで誕生し、ドイツのJ.S.バッハやヘンデルも作曲しています。独唱、合唱、管弦楽という大規模な編成です。オラトリオとオペラの大きな違いは、オラトリオには歌手の演技がないことです。音楽だけですので、役柄の衣装もありません。

ほかにも、同じ頃にイタリアで生まれた「**カンタータ**」は、オラトリオのような大編成ではなく、少数の歌手と比較的小編成の管弦楽でつくられています。バッハは教会の礼拝のための教会カンタータだけでも約200曲、宗教的な目的以外のために世俗カンタータを約20曲残しています。

一方、**ドイツは30年戦争（1618〜48年）のためにすっかり荒廃**していました。30年戦争は、ハプスブルク帝国領内のプラハでカトリックの王とその軍隊が、プロテスタントのボヘミア領民を攻撃して始まります。デンマーク、スウェーデン、フランスが参戦した結果、戦場となったドイツの人口が3分の1に激減するほど悲惨な状況を生みました。

停戦後の有名な**ウェストファリア条約**によって、オランダとスイスが独立したのはよかったのですが、ドイツでは300以上もあった領邦の主権が認められ、神聖ローマ帝国は有名無実化します。ヨーロッパ各国の主権は確立し、各国が主権を主張する国際体制ができましたが、ドイツは中世の頃と変わらず国内は領主ごとにばらばらで、人口も減少し、経済社会も停滞してしまいました。

そんな**30年戦争の荒廃から復興し始めた17世紀末のドイツで、バッハとヘンデルは生まれ、18世紀前半に活躍**します。停滞したドイツの音楽も、この時期に大きく花開きました。

猛烈ビジネスパーソンだったヘンデル

まず、バッハより1カ月早く生まれた**ゲオルク・フリードリヒ・ヘンデル**（1685〜1759年）についてお伝えしましょう。ヘンデルはとにかく**豪快で、やり手のビジネスマン**だったようです！　猛烈に働き、素晴らしい音楽を書き、

ヘンデル

お金を稼ぎ、駆け抜けた74年の生涯でした。亡くなった時の銀行残高は1万7500ポンド（現在の価値で2億〜3億円相当か）あった、と言われています。[※2]
ヘンデルは、宮廷理髪師であり外科医の父が63歳の時に、当時のブランデンブルク＝プロイセン領のハレで生まれます。父は、息子が音楽の勉強をすることを断じて許しませんでした。このため、ヘンデルは鍵盤楽器を屋根裏部屋にもちこみ、家族が寝静まった後、ひっそり練習をしていたそうです。
ヘンデルはハレ大学の法科に進みますが、17歳の時、ハレの大聖堂にオルガン奏者として任命され、そこでまじめにオルガン奏者を務めます。回想によると、教会に行っていない時は「悪魔のように曲作りにはげむことに[※3]」時間を費やしていたそうです。
そして、ヘンデルは自分の足で世界をまわっていきます。まずは18歳からハンブルクへ。すぐに、最初のオペラ『アルミーラ』を発表します。ハンブルクで3年間しっかり学びつつお金を貯めた後は、オペラを生んだ国イタリアへ。カトリック教会のための美しい音楽を書き、お金持ちの公爵たちや枢機卿に可愛がられ、次々作品を生み出します。1706年から1710年までイタリアに滞在し、オペラ、カンタータ、オラトリオを作曲しました。オペラ『アグリッピーナ』はヴェネツィアで初演されています。オペラを上演すると会場は熱狂に包まれたと言

※2　三ヶ尻正『ヘンデルが駆け抜けた時代：政治・外交・音楽ビジネス』春秋社、2018年
※3　S・イッサーリス『続・もし大作曲家と友だちになれたら…』板倉克子訳、音楽之友社、2015年

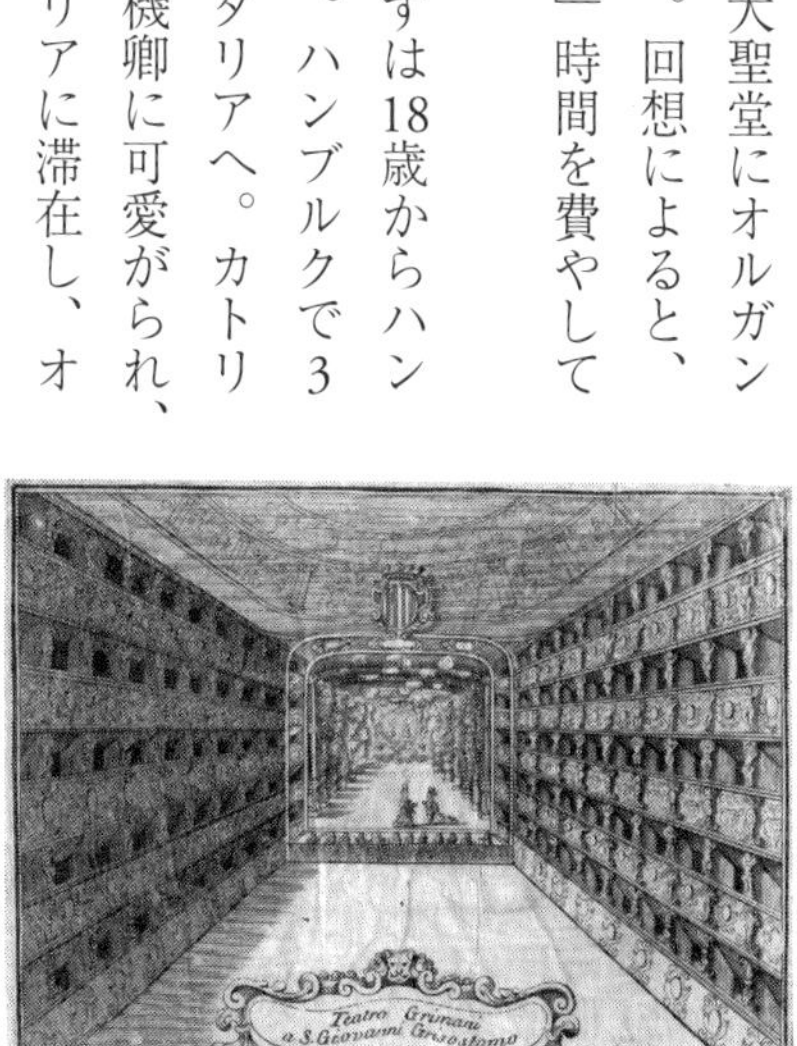

ヘンデル作曲『アグリッピーナ』が初演されたサン・ジョヴァンニ・グリソストモ劇場

われ、ヘンデルはイタリアで大スターでした。

ヘンデルはドイツへ戻るとハノーヴァー宮廷楽長に就任し、イギリスへわたります。イギリスではオペラ『リナルド』を初演しました。『リナルド』中のアリア（独唱曲）「私を泣かせてください」は、皆さんもどこかで聴いたことがあるかもしれません。大変に美しく人気のある曲なので、多くのソプラノ歌手がレパートリーにしています。しかし、全曲の上演はほとんどありません。

ヘンデルは、活動拠点をイギリスに完全に移し、1727年に**42歳でイギリスに帰化**します（この時、名前も英語綴りに変えたようです！）。なお、ハノーヴァー時代の雇用主である選帝侯が後にイギリス国王ジョージ1世として即位したため、王と楽師がともにドイツ人からイギリス人になったのです。

ヘンデルは、ロンドン市民を顧客にして、音楽会の予約料・入場料を得て全体をマネジメントする方法を導入した、おそらく初めての音楽家でしょう。当時、ロンドンは投機ブームで、貴族の多くは株投資で富を増やす実業家でした。

1719年にイギリスの富裕な紳士たちが「王立音楽アカデミー」という興業組織をつくり、ヘンデルと2人のイタリア人作曲家を雇用しました。[※4] アカデミー会員は〝シルバー・チケット〟（金属製）を購入でき、このチケットがあれば21年間、シーズン中は毎晩オペラを鑑賞できるという特典がついていました。なぜ21年間

テムズ川上にてヘンデルとジョージ1世

※4　D・J・グラウトほか『新西洋音楽史　中』音楽之友社、1998年、206頁

だったのか知りたいところですが、とにかくスケールが大きいこと！

この音楽アカデミーは、出資額に応じて配当を支払う合同株式会社でした。ヘンデルはこの組織のもとで数百にのぼるオペラを上演したので、その経験からライヴビジネスに熟練していったようです。この組織は9年しか続きませんでしたが、ヘンデルはめげません。仲間とともに事業を引き継ぎ、新ロイヤル音楽アカデミーを立ち上げます。**ヘンデルの音楽興業ビジネスの手法は、後のモーツァルトやベートーヴェンも大いに参考にしたはず**です。

しかし、イギリスでイタリア語によるオペラの売れ行きが不調になると、ヘンデルは英語の歌詞がついたオラトリオを作曲するようになります。**オラトリオは英語で歌われるため、イタリア語オペラになじめなかった中産階級から広範な人気を得ることができた**からです。しかも、オラトリオは前述したとおり、宗教音楽の一種で、宗教的なものを題材に歌詞がつけられ、独唱や合唱、管弦楽で演奏されるので、オペラよりずっと上演費用も少なくて済むメリットもありました。

ヘンデルのオラトリオのなかでも、有名なのは[※5]『メサイア』でしょう。この中で歌われる「ハーレルヤ！　ハーレルヤ！」というフレーズを、どこかで耳にしたことがありませんか。この曲の初演は、アイルランドのダブリンという街でし

※5　D・J・グラウトほか『新西洋音楽史　中』音楽之友社、1998年、207頁、引用のうえ一部加筆

たが、ヘンデルがやってくるというので街中大騒ぎになったそうです。当時地元の新聞は「『メサイア』は音楽史上、最高の作品」であると伝えています。ヘンデルは先の興業ビジネスで多額の負債を抱えますが、これを救ったのもオラトリオ『メサイア』の収益だったと言われています。

ヘンデルは友人関係も幅広く、文化人、財界、政界、上流階級の人々としっかりパイプがありました。投資にも熱心で、お金があったのでしょう。自宅にはヴァトーやプッサンらの絵が60点以上あったそうですし、大変なグルメで、赤ワインはボルドーが好きだったと伝わっています。1日6食も食べていた時もあったそうで、当時の新聞にはヘンデルを揶揄して、豚がオルガンを弾いている風刺画が掲載されたこともありました（上画）。

ヘンデルを豚にたとえた風刺画

屋根裏部屋で隠れて音楽の勉強をしていた男の子は、みずからの力で世界を切り拓いていきました。音楽的才能だけではなく、外交術にも長け、しっかりその土地のキーマンの心を掴み、彼らの喜ぶ音楽を見事につくりました。株の売買でお金を生み演奏会を回していくなど、**ヘンデルは今で言うプロデューサー**です。

ヘンデルは特に和声を積み重ねて進行させ、高音部に美しい旋律を乗せていく技術（**ホモフォニー**）に長けていましたから、オペラのアリアの美しいことといったらありません。ロマン派のオペラのようで、作曲年代を間違えそうです。ヨーロッパでもヘンデルのオペラは長らく忘れられていましたが、1990年代以降、復活上演されるようになったそうです。バロック時代の管弦楽法ですから、木管楽器は少数ですが、金管楽器（トランペットやトロンボーン）は比較的多く使用されており、実に華やかな効果をあげています。日本でも上演される機会が増えるかもしれません。

生涯独身を通し、ひたすらエネルギッシュに生きたヘンデル。死後、ウェストミンスター寺院に埋葬され、ヘンデルのお墓の隣りは、あの偉大な小説家**チャールズ・ディケンズ**（1812〜70年）です。ハレルヤ！

ディケンズ

皆から尊敬される勤勉な音楽の父バッハ

一方のバッハの生き方は、ある意味でヘンデルとは対照的です。**終生、ドイツ国外には出ず、ドイツの王と教会に仕えました。**

50人以上の作曲家を輩出した、ドイツの有名な音楽一家に生まれた**ヨハン・セバスチャン(J.S.)・バッハ**は、自然と音楽の道に進んでいきました。バッハは、この一族をとても誇りに思っていて、名前の「BACH」をドイツ語音名で表現した「B(♭シ)A(ラ)C(ド)H(シ)」の音型が、とても表情豊かであることを喜んでいたと言われます。

バッハは10歳の誕生日を迎える前に両親を亡くし、すでにオルガニストとして独立していた14歳年上の兄、ヨハン・クリストフの元に身を寄せます。とにかく勉強熱心な少年だったことがうかがえる有名なエピソードをご紹介しましょう。

バッハは兄に音楽の勉強をみてもらっていましたが、与えられる子供用の教則本にすぐに飽きてしまい、兄の持っている楽譜を見せてほしいとせがみました。しかし、聞き入れてもらえなかったため、バッハはこっそり兄の部屋へ行ってロウソ譜を取り出し、毎晩月の明かりの下で書き写したのです。当時はひとりでロウソクを使うことを禁じられていたため、見事に月の明かりの下で書き上げたバッハ

バッハ

ですが、兄にその行為がばれ、書き写した楽譜とその楽譜集も取り上げられてしまいました。しかし、すでにバッハの頭の中には、書き写した内容が完全に記憶されていたのでした。

ほかにも、バッハは有名な音楽奏者やハープシコード奏者の演奏を聴くために、400キロの道を歩いたこともあったと伝えられています。[※6]とにかく勉強意欲旺盛で、その姿勢は生涯変わらなかったと言われます。バッハの最初の伝記作者フォーゲルによれば、バッハは、どうしてそれほどの技術を身につけることができたのですか、と尋ねられると、「勤勉でなくてはならなかったからです。**私と同じくらい勤勉であれば、誰でも私と同じようになれる**でしょう」と語るのがつねでした。[※7]

バッハは努力の甲斐あって1717年にケーテン宮廷楽長に就任します。同じ年、ヘンデルはロンドンのテムズ川の大型船で『水上の音楽』を披露します。大量のホルンやトランペットを動員した華やかな管弦楽作品で、『王宮の花火の音楽』とともに現代のオーケストラの演奏会でも取り上げられます。

さらにバッハはその数年後、ブランデンブルク辺境伯クリスティアン・ルートヴィヒに献呈するため（実は就職活動の一環でした！）「ブランデンブルク協奏曲」

※6　スティーブン・イッサーリス、2003年

※7　磯山雅『J・S・バッハ』講談社、1990年

を作曲します。この曲は、金管楽器が活躍する派手な野外音楽の『水上の音楽』とは対照的に、いかにも貴族の個人的な楽しみのために書かれた繊細なニュアンスが魅力の室内管弦楽団のレパートリーです。

そして1723年、ライプツィヒの聖トーマス教会カントル（合唱長）兼音楽監督に就任します。亡くなるまでの在任中、多くの教会カンタータ[※8]や『マタイ受難曲』を作曲しました。その後、教会の幹部と対立すると、大学生や音楽愛好家のオーケストラであるコレギウム・ムジクムの指揮者となり、世俗カンタータや協奏曲を多数つくっています。しかし、オペラは作曲しませんでした。

18世紀までのドイツでは、宮廷楽長の地位を得てオペラを書くことが音楽家キャリアの栄誉であり、オペラで成功する作曲家は地域を越えて名声を獲得していました。しかしバッハは海外に名声をとどろかせることなく、ひたすら教会で曲を書き続けます。その数は、1000曲以上にのぼりました。

バッハの音楽的遺産は脈々と弟子たちによって継承されていきましたが、一般的な聴衆からは次第に忘れられていきました。しかし**後にメンデルスゾーンが中心となってバッハ復興を行った**結果、その評価は再び上昇し、広く世間に知られることになったのです。そして、後の作曲家たちから崇められ、「バッハだけが永遠の真理を見抜いていた[※9]」と20世紀の偉大な作曲家ドビュッシーが語るほど、

※8　バロック時代の声楽形式のひとつ。器楽伴奏を伴い、主にプロテスタント教会の礼拝用に書かれた。

※9　青柳いづみこ『ドビュッシー　想念のエクトプラズム』中央公論新社、2008年

音楽家を目指す人であれば皆バッハの楽譜を勉強しています。まさに「音楽の父」として、絶対的なポジションにいるのがバッハです。

声楽作品もたくさんありますが、**特に器楽作品が後の作曲家に大きな影響**を与えました。ハイドンもモーツァルトもベートーヴェンも、例外ではありません。管弦楽だけでなく、ピアノのために書かれた「平均律クラヴィーア曲集」や、無伴奏のチェロやヴァイオリンの独奏曲などが、後世の音楽家を刺激し続けています。

このように、ヘンデルとバッハは同じドイツの同い年生まれでも、その生き方はまったく違ったようです。

生涯独身だったヘンデルに対し、バッハには2人の妻との間に20人も子供がいましたが、ヘンデルは、多額の負債を抱えたりして、お金の浮き沈みがありましたが、バッハは、着実に給料のよい教会から教会へと転職をしました。自分の価値に見合った報酬をしっかり得られる場所にバッハは転職し続けて生涯を終えます。

2人の共通点といえば、ワイン好きで、そして音楽を演奏する奏者に対して恐ろしく厳しいところでしょう。バッハなどは若い頃、ファゴット[※10]という楽器の吹き方が気に入らず、教え子に向かって剣を抜いたり、ある音楽家が楽譜を読み違えたことに腹を立て、自分のかつらをわしづかみにして叩きつけたという逸話が

※10 アメリカでは、「ファゴット」を「バスーン」と呼ぶ。

残っています。
そして、これは蛇足ですが、2人とも晩年は白内障にかかって同じ執刀医による手術が失敗し、失明してしまったと言われています。

2 王侯貴族から市民へ：変わる音楽の聴き手

さて、18世紀前後のヨーロッパで起きた一連の**市民革命**を経て、王の権力が弱くなり、富裕な市民（ブルジョワ）の力が増して、議会が王よりも優位に立ちました。こうした動きは、古典派音楽の時代と平行していて、**台頭するブルジョワが王侯貴族に代わる音楽の聴き手**となって、音楽の発展を支えていきます。

市民革命の時代をもっとも早く経験したのは、17世紀から始まったイギリス（イングランド）でしょう。そこで、思想の歴史をおさらいしつつ、イギリスから見ていきます。

17世紀、**ウェストファリア条約**によってドイツはバラバラになり、ほかの欧州諸国は主権が確立したと前節で述べました。当時イギリスはもっとも市民の台頭が進んでいて、エリザベス1世の死（1603年）に始まる王権の弱体化が顕著になっていました。

まず、田舎の領主（貴族）ではあったけれど、民衆の支持も集めたオリバー・クロムウェルによる**清教徒革命**（1642～49年）がありました。王党派を駆逐して議会派を勝利に導いたものです。このあとのクロムウェル独裁、王政復古を経て、ついにオランダ総督ウィレムがウィリアム3世としてイングランド王につくクーデターである**名誉革命**（1688～89年）が成立し、権利の章典が発布されて完全に議会の優位が確立しました。清教徒革命と名誉革命を合わせて、イギリス革命といいます。

名誉革命で現代の保守党であるトーリ党、自由党であるホイッグ党が生まれました。王は議会の承認なしには法律の制定や廃止、そして課税もできないこととし、[※11]**王のための市民生活ではなく、市民自身のための市民生活**に変わっていきます。

また、15世紀に始まる大航海時代を経て、インド、東南アジア、アフリカ、南北アメリカとの交易や収奪によって、初期はスペイン、ポルトガル、後期はイギリス、オランダが蓄積した富（資本）は莫大なものでした。

※11　富樫剛『名誉革命とイギリス文学』春風社、2014年

ルネサンスやバロック初期の時代は王や貴族のために富を蓄積し、それがそのまま国の富だと考えられてきましたが、力をつけた商人（市民）は富の私有を考えます。資産の私的所有こそ豊かさだというわけで、王権との対立がここに始まりました。

王の側は、王・貴族・商工業者・農民という身分制度は、神が定めた秩序の運営を王が委託されたのだとする**王権神授説**で対抗しました。しかし、イギリスの哲学者は次々に反論を構築し、王権からの自由を主張して名誉革命の理論的根拠を提示しました。この流れを**王権の世俗化**といいます。

たとえば、**トマス・ホッブズ**（1588〜1679年）は、自然状態を戦争状態と規定し、自然状態において人々の自由と安全を守るために国家が成立するのだ、という論理を提示します。王・貴族の財産蓄積のために国家が存在するわけではない、ということです[※12]。

また、**ジョン・ロック**（1632〜1704年）は、自然状態は平和状態だと、ホッブズとは反対の概念を前提とします。平和状態のもと、労働による私的所有を自然法で認められた権利だとします。国家は自然法を守るために生まれ、裁判も生まれました。つまり、王権以前に人々の自然権があるわけで、「人間は生ま

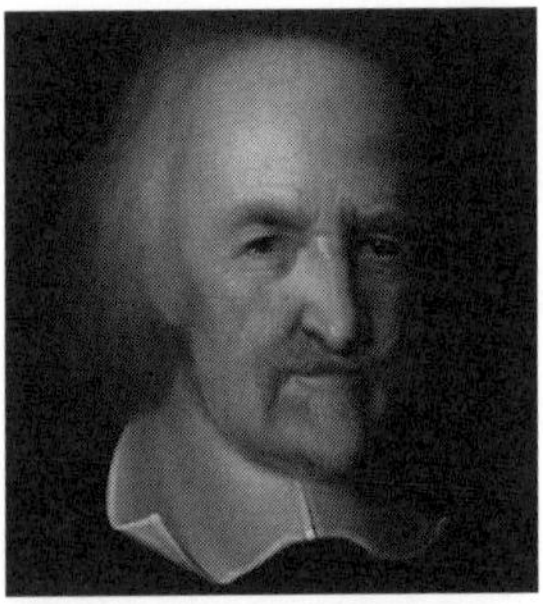
ホッブズ

※12 T・ホッブズ『リヴァイアサン』全2巻、永井道雄ほか訳、中央公論新社、2009年

ロック

れつき平等」だと説いたのです。[※13]

ホッブズとロックのこのような考え方を、王権神授説に対して**社会契約説**といいます。ロックは、ドイツの哲学者カントやヘーゲルに大きな影響を与えています。

イギリスでは名誉革命後、1707年にイングランドとスコットランドの連合議会が成立しました。ヘンデルがロンドンでオペラの興業を続け、ライヴビジネスを確立できたのは、このように市民社会が成長していたからです。

こうして次の時代は、**王侯貴族のためではなく、市民のための、作家の個人的な情念を表現した芸術が生まれていく**ことになります。ハイドン、モーツァルト、ベートーヴェンと時代が下るとともに、表現のラジカル（過激）さは極まり、古典派の頂点、ロマン派の始まりに至ります。後の章で詳述するベートーヴェンが、この時代のヒーローと言えるでしょう。

1743年、ライプツィヒにある**ゲヴァントハウス**（織維会館＝織物の倉庫・取引所）の中に音楽ホールが創設され、**入場料を払えば貴族でも市民でも音楽会を聴くことができる**ようになりました。市民のためのオーケストラ演奏会の最初の段階です。ゲヴァントハウス管弦楽団の長い歴史は、ここに始まりました。

哲学者であり作曲家の**ジャン＝ジャック・ルソー**（1712〜78年）が言う

※**13** J・ロック『市民政府論』角田安正訳、光文社古典新訳文庫、2011年

ゲヴァントハウス

ルソー

ように、市民とは啓蒙の対象となる新たな階級（階層）です。ちなみに、ルソーは市民全体（共同体構成員）の自由と平等を求めた人物です。※14

作曲数の多さでギネス世界記録をもつテレマン

こうして民衆のなかで醸成された進取の精神に応えた作曲家が、**ゲオルク・フィリップ・テレマン**（1681〜1767年）でした。18世紀前半のヨーロッパにおいてはバッハやヘンデルを凌ぐ人気作曲家で、1712年に商業都市のフランクフルト・アム・マイン市音楽監督、1721年にハンブルク市音楽監督に就任し、長く務めました。また、クラシック音楽史上もっとも多くの曲をつくった作曲家として、ギネス世界記録の保持者でもあります。

ハンブルクでは市民の音楽鑑賞団体を組織し、市民の様々な趣味に合わせて作曲したようです。たとえば管弦楽組曲『ハンブルクの潮の満ち引き』は港の風景の描写ですが、19世紀ロマン派の標題音楽を先取りした音楽でした。また、様々な小編成の楽器による『食卓の音楽』（ターフェル・ムジーク）シリーズはその名の通り、宮廷や市参事会の宴会（会食）で流れるBGM《バック・グラウンド・ミュージック》でした。多様な様式で書かれていることから「バロック音楽の百科全書」とも呼ばれ、楽譜の販売予約を始めるやドイツ国内のみならず、イギリスにいたヘンデルや、ロシアや

※14 J＝ジャック・ルソー『社会契約論』中山元訳、光文社古典新訳文庫、2008年

テレマン

フランス、スウェーデンからも注文が集まったそうです。[※15]

隔週で音楽雑誌も発行し、ヴァイオリンを習って師匠と2人で演奏会を開くなど、幅広い活動をしていたテレマンに、いつそんなに作曲をする時間があったのか不思議でなりません。電気のない時代ですから、作曲するためのロウソクが山のように必要だったことでしょう。

同世代のバッハやヘンデルと親交があったとも伝わっています。[※16] 深い親交で結ばれていたバッハが亡くなった時は、バッハの業績を讃える素晴らしい追悼の言葉を送り、ヘンデルとは度々手紙を交わしていました。ヘンデルは、園芸が趣味のテレマンに、半世紀の時を経ても続く友情に感謝の気持ちを込めて、イギリスから植物を贈っています。

※15 柴田南雄『西洋音楽の歴史 中』音楽之友社、1969年

※16 一方、同い年のバッハとヘンデルは生涯一度も会ったことがなかったと言われる。

3 ウィーン黄金期へ：「古典派」と「交響曲」の充実

〝クラシック音楽と言えば交響曲〟という時代が、いよいよ登場するのが18世紀後半からです。[※17] 神に捧げる音楽や、オペラやダンスの脇で、彼らの織りなすドラ

※17 金澤正剛『新編 音楽小辞典』音楽之友社、2004年

マを盛り上げるべく陰で伴奏として支えていたオーケストラに光があたり、言葉をもたない楽器だけの集団が奏でる「交響曲」が主役となっていきます。

この**「交響曲」がゆるぎないクラシック音楽界の帝王となるベースをつくったのが、ウィーン古典派**[※18]**と呼ばれるハイドン、モーツァルト、ベートーヴェン**です。まさにアップルと言えばスティーヴ・ジョブズと言われるように、「交響曲」と言えば、ハイドン、モーツァルト、ベートーヴェンなのです。

バロック時代、エリート主義のなかで高度な知的遊戯として発展した音楽は、**古典派になると、啓蒙思想の発展を背景に、高度な教養をもたない人が潜在的な聴き手として想定される**ようになりました。「知識がなくても楽しめる」というシンプルな形式に舵が切られます。

この時代のヒーローといえるベートーヴェンについては次章に譲り、まずここから、ハイドンとモーツァルトの足跡を辿ってみます。

30年の召使時代を経て大成功したハイドン

フランツ・ヨーゼフ・ハイドン（1732〜1809年）は車大工の息子で、あまり裕福な家の出身ではありませんでしたが、両親は音楽好きでした。5歳の頃、ハイドンの義理の叔父で教会学校の校長先生と合唱団長を務めるフランクが

※18　1770〜1810年頃、ハイドン、モーツアルト、ベートーヴェンの三大巨匠、および彼らと同時代にウィーン周辺で活動した作曲家たちを指す。同前『新編 音楽小辞典』より

ハイドン家を訪ねてきました。ハイドンの勉強と音楽教育の面倒をみる、という申し出でした。これを受けたハイドンは、親元を離れてハンブルクへ行き、それ以来、共に暮らすことはなかったそうです。

小さい頃にウィーンの聖シュテファン大聖堂の少年合唱団に入り、あまりにも美しい声だったのでカストラート（高音域が歌える男性歌手。少年期に手術することで人工的に声変わりを止めた）にされそうになり、合唱団を辞めたというエピソードが残っています。

合唱団を離れてからは、屋根裏部屋で必死に勉強し、路上演奏やピアノ教師で小銭を貯め、努力を重ね、ようやく宮廷音楽家の職を掴み取ることができます。29歳から58歳まで30年間にわたって、ハンガリーの名門貴族エステルハージ侯爵家に仕えることになりました。

宮廷音楽家は、かつらか辮髪を着用し、飾りのついた鮮やかな色の制服を身に着け、白い靴下をはくよう義務づけられていた、といいます。[※19] 私たちが音楽室で見る音楽家の肖像画を見ると、**多くがかつらをかぶっていますが、それは、そのように命じられていたため**だったのです。雇い主の命じる音楽を作曲し、その許可なしに他人のために作曲したり、旅行へ行くこともできませんでした。待遇や雇用は保証されていましたが、邸内の地位はとても低かったのです。１７９８年

ハイドン

※19 後藤真理子著・監修『クラシック音楽ガイド』成美堂出版、２０１７年

の『ウィーン新聞』の広告には、「音楽召使求む」と召使という言葉が使われています。

「音楽家1名を求む。ピアノを上手に弾き、歌にも優れ、両方のレッスンができること。この音楽家はまた、召使の義務をも果たさなければならない。」[※20]

ハイドンは30年間にわたってエステルハージ家のためにどしどし曲をつくり、その作品数は1000曲に及ぶと言われています。**気がつけば、交響曲は104曲もできあがっていました**。モーツァルトが41曲、ベートーヴェンが9曲と、数だけ考えても圧倒的に多いのです。

ハイドンの演奏風景

そして、1790年に宮廷楽団が解散されると、ついにハイドンはフリーの作曲家となります。「いつも召使でいるのは本当に悲しいことです。私はみじめな生き物だったのです！」[※21]と綴ったゲンツィンガー夫人宛の手紙が残っています。

晩年、興行師ザロモンよりロンドンに招かれ、

※20 H・C・ロビンズ・ランドン、海老澤敏監修『モーツァルト大事典』、平凡社、1996年

※21 後藤真理子監修『一冊でわかるクラシック音楽ガイド』成美堂出版、2004年

交響曲12曲（交響曲第93番〜第104番）を演奏します。これには招聘者の名前をとり「ザロモン交響曲」という呼称がついています。ザロモン交響曲時代に、ついに、今につながるオーケストラの形が確立されました。新天地ロンドンでハイドンは熱狂的に受け入れられ、オックスフォード大学から名誉博士号を授与されるなど、大成功をおさめます。ギャラも音楽召使時代よりかなり上がったようです。ウィーンでも不動の地位にのぼりつめました。

それでもハイドンは、自身が昔とても貧しい時に色々な方に助けてもらったことをずっと覚えていて、彼の遺書には友人や使用人、親戚らが十分に暮らしをしていけるよう遺産の配分が綴られていました。また晩年、慈善コンサートでハイドンの曲が演奏され多くの寄付金が集まることも、喜びのひとつでした。

1808年にハイドンの『天地創造』が演奏された時は、ウィーン大学に軍隊が出動したという逸話も残っています。それは初演に殺到する群衆から、歩行困難で車椅子に乗せられた巨匠ハイドンを守るためでした。「ハイドン万歳！」の声がこだまし、**つめかけた貴族やブルジョワ市民の中にはベートーヴェン**もいました。

ハイドンの交響曲には、いくつかあだ名がついています。

たとえば、「交響曲第82番」の通称は『熊』です。最後の楽章で低音がずっと

興行主ヨハン・ペーター・ザロモン

鳴っていることから、いつしか名づけられたようです。また、「交響曲第83番」のあだ名は『めんどり』。第1楽章の第2主題が鶏の鳴き声を思わせることからです。「交響曲第85番」は『王妃』。マリーアントワネットがすごく好きだったフランスの民謡が第2楽章に使われているからという説があります。

規律ある生活でフリーランスとして稼いだモーツァルト

「誠実な人間として、神にかけて申し上げますが、あなたのご子息は私が名実ともども知るもっとも偉大な作曲家です。彼はよき趣味をもち、そればかりか作曲の知識をこの上なくおもちです[※22]」。

1785年2月、弦楽四重奏の集いで、ハイドンが**ヴォルフガング・アマデウス・モーツァルト**（1756〜91年）の父レーオポルト・モーツァルトに語った有名な言葉です。

ハイドンとモーツァルトは、24歳違いでしたがお互いを尊敬し合う良き友でした。モーツァルトが36歳の若さで先に逝った時、ハイドンはモーツァルトの良き理解者宛に「彼の死によって、私はしばらくの間、何も手につかず、唖然としていました。神がこんなにも急に、あのかけがえのない人物を、あの世に必要だと思し召されたことが信じられません[※23]」という手紙を書いています。

※22　H・C・ロビンズ・ランドン監修『モーツァルト大辞典』海老澤敏日本語監修、平凡社、1996年

モーツァルト

※23　朝川博・水島昭男『音楽の名言名句辞典』東京堂出版、2012年　渡邊学而『大作曲家の知られざる横顔』丸善、1991年

よく知られているように、モーツァルトは早熟の天才でした。
幼少期から、約10年間にわたる演奏旅行が始まります。

この旅を決めた父レーオポルト・モーツァルトは、ザルツブルクの宮廷楽師でありヴァイオリン教師としても有名で、彼がつくった『ヴァイオリン教本』は数カ国語に翻訳され、今も教材として使われています。レーオポルトは、並外れた息子の才能を見出し、この才を伸ばすことこそ自分の責務と信じていました。ともに旅をし、息子がその才能を存分に発揮できる職に就けるよう、すべてを整えたのです。

父・姉と共に演奏するモーツァルト

とはいえ、**当時の長旅は命がけ**でした。生まれ故郷のザルツブルクから、ウィーン、ミュンヘン、イタリア、パリと大旅行を馬車で移動しましたが、当時はヨーロッパ中に森があり、森賊なる強盗がいたうえ、宿のベッドは湿っていて健康にも劣悪な環境だったといます。

そうした状況にも負けず、モーツァルトは旅先で、オペラやオーケストラなど、新しい音楽、言葉をどんどん吸収していきます。そして行く先々の演奏では大きな賛辞を受け、「神童現る！」と王族や上流社会から愛されました。

長い旅の後、再びザルツブルクの地に辿り着いたモーツァルトは、ザルツブルク宮廷音楽家になります。しかし大司教と喧嘩をして、二度とザルツブルクには帰らないと宣言。最後の10年間はウィーンで生活を送ります。モーツァルトは、貴族の令嬢や婦人から高いレッスン料をとり、音楽会を開き、作曲をして出版社に売るなど、フリーランスとしてかなりの収入を得ていたようです。オペラは1回書くと今のお金にして、400万〜500万円もの収入を得られたそうです。[※24]

フリーランスとして順調に稼いだモーツァルトの1日の様子を、父宛の手紙から垣間見ることができます。[※25]

「朝六時にはもういつでも髪の手入れをします」

「七時にはすっかり身なりを整えています。それから九時まで作曲」

「九時から一時まではレッスン」

「それから招待されていないときは食事をしますが、よばれているときは二時か

※24　木村尚三郎『成熟の時代　十八世紀の西欧と現代』日本経済新聞社、1982年

※25　同右

三時ころに食事となります」

「晩の五時ないし六時前にはなにも仕事はできません[※26]」

「(音楽)会がなければ九時まで作曲です」

「それから僕は愛するコンスタンツェのところに行きます」

「それから十時半から十一時に帰宅します」

「急な音楽会とか、あちこちからよばれるかもしれないあやふやさのために、晩に作曲できないかもしれないので、僕は眠る前になにか作曲しますが、そんなことでしょっちゅう一時までやっていて、それからまた六時には起きるのです」。


朝6時に目覚めてから、夜中1時までびっしりと作曲三昧です。しかも、当時はロウソクで明かりをとっていた時代です。夜中過ぎまで作曲するには、安いロウソクではなく、白く明るい高価なロウソクが必要なので、ロウソク代もかなりかかったのではないかと、木村尚三郎氏と海老沢敏氏の対談[※27]で語られています。ハイドンの場合は、エステルハージ邸で給料とは別にロウソクが支給されていました。またモーツァルトは、お仕着せをあてがわれない独立した芸術家として、みずからを表現するため、外見に気を遣わなければならず、ウィーンではザルツブルク時代とちがって、衣服費含めて生活費がとても高くついたようです。

※26 貴族に呼ばれて、食事を共にするため。

※27 後藤真理子監修『一冊でわかるクラシック音楽ガイド』成美堂出版、2004年

音楽家の立ち位置が、教会や宮廷の音楽召使という立場から自分で稼いでいくようになる過渡期に、ちょうどモーツァルトはいました。モーツァルトが成人する頃には、宮廷に雇われ食べていく以外に、オペラを作曲してヨーロッパ中を行脚して稼いでいた作曲家たちが出始めていました。

その多くがイタリア人だったのも、**18世紀後半はヨーロッパでイタリア・オペラが大ブームだった**からです。モーツァルト時代のもっとも有名な作曲家は、おそらく**ジョヴァンニ・パイジェッロ**（1740〜1816年）でしょう。お芝居が大好きでオペラを愛していたモーツァルトにとって、彼らの活動はとても魅力的に映ったに違いありません。

生まれてから父レーオポルトの指示通りに動いていたモーツァルトが、最後まで父の反対を押し切って自分の意見を通したことが2つあります。ひとつは、フリーランスの音楽家としてやっていくこと、もうひとつは、コンスタンツェと結婚したことでした。

稼ぎのよかったモーツァルトが、なぜ晩年には一文無しになってしまったのか。諸説ありますが、よくわかりません。ただし、お金でなく、私たちを最高に幸せにしてくれる、気高い音楽をこの世に遺してくれました。

パイジェッロ

モーツァルトの愛妻コンスタンツェ

世界最高峰のピアニストであり指揮者のミハイル・プレトニョフ（1957年〜）が最愛のお母様を亡くされ、そのショックで体調を崩し、東京フィルとの公演が中止になったことがありました。その後、来日されたマエストロ[※28]・プレトニョフが言った言葉を思い出します。「モーツァルトとシューベルトの音楽が救ってくれた」と。モーツァルトの曲もシューベルトの曲も、大声でガンバレとは言いません。そっと私たちに寄り添ってくれる音楽だ、と私は感じています。

交響曲の核ともなる「ソナタ形式」の誕生

ここまでハイドンとモーツァルトについて紹介を終えたので、この時代に徐々に確立されていった「ソナタ形式」に触れておきます。

「最初が肝心」という言葉がありますが、音楽においてもそれは同じです。交響曲の多くは、第1楽章に始まって第4楽章で終わりますが（20世紀の大作曲家メシアンには10楽章まである交響曲も……！）、なかでも第1楽章はとても大事です。主にここで使われているのが「**ソナタ形式**」と呼ばれるスタイルです。この「形式」の誕生により、まるで料理に秘密のスパイスが加わったかのように、交響曲のヒット曲がたくさん生まれました。

ソナタ形式は18世紀の間、明確な定義はなく[※29]**、様々な試行錯誤**が繰り返されま

※28　「マエストロ」は指揮者への敬称。

※29　チャールズ・ローゼン『ソナタ諸形式』福原淳訳、アカデミア・ミュージック、1997年、16頁。

した。なかでも、**高度に洗練させることに貢献したのが、ハイドン**です。

では「ソナタ形式」とはいったい何か?

それを考えるうえで、人気のあるドラマを思い浮かべていただくとわかりやすいかもしれません。恋愛ドラマであれば主役と準主役の間の身分違いの恋であったり、ビジネスドラマでは仕事がバリバリできる骨太なビジネスマンと、それとは真逆の繊細なビジネスマンが織りなす物語など、対照的なモチーフに人は惹かれます。まさにクラシック音楽も同じで、**主役を作品の中心となる旋律である「第1主題」、準主役をサブ的な旋律である「第2主題」が受け持って、音楽ドラマを展開**していきます。主役はだいたい律動的で威勢があり、準主役は歌のように旋律的なものが多いと言えます。

その第1主題と第2主題が、次のような流れで登場してきます。

・提示部：第1主題登場、そして第2主題が登場。
・展開部：この2つの主題が様々に変化し、展開される。まさにこの先どうなるかわからないドラマを見ている感じ。いい人と思っていた主人公が実は別の顔を持っていた、というように、音の姿が変わっていく。

・再現部：再び、第1主題と第2主題が戻ってきます。展開された要素がまとめられ、なるほどこういうことだったのか、と私たちに教えてくれる。
・終結部（コーダ）：そしてクライマックス。主人公である第1主題の結論が現れる。

このような「**提示部→展開部→再現部→終結部**」**という一連の流れを、「ソナタ形式」**と呼びます。

ハイドンが、こうしたソナタ形式を確立した時点では、展開部は提示部と再現部の「繋ぎ」の役目しかありませんでした。モーツァルトの作品でも、展開部は小さくつくられています。

この**展開部の発展に貢献したのが、ベートーヴェン**でした。彼は展開部により大きなテーマの転換を行うなど充実をはかり、提示部と同じ長さにまで膨らませました。これによりソナタ形式は、完成を見ることになります。

ソナタ形式で、主役となる第1主題は、律動的で威勢があり、ドラマティックで迫力をもつことが多いとお伝えしましたが、そんなカッコイイ主役を聴ける作品の一例を挙げるなら、ベートーヴェンの「交響曲第5番ハ短調『運命』」第1楽章があります。

もちろん、第1主題のなかには、威勢のいいものばかりでなく、物語のような傾向を示すものや、田園的で牧歌的な性格のもの、のびやかな歌謡的なものもあります。

◎物語のような傾向を示すもの
メンデルスゾーン：交響曲第3番イ短調『スコットランド』
チャイコフスキー：交響曲第4番ヘ短調

◎田園的で牧歌的な性格をもつもの
ベートーヴェン：交響曲第6番ヘ長調『田園』
ブラームス：交響曲第2番ニ長調

続いて、モーツァルトの交響曲をみていきましょう。

モーツァルトの交響曲に特徴的な〝陰り〟

ハイドンの場合、提示部で第2主題を出す時、第1主題から派生させていましたが、モーツァルトは第1主題とはまったく違う抒情的な新しいメロディーをつくり出しドラマを展開させました。また、モーツァルトの展開部はハイドンに比べると短く、劇的でした。

明るいけれどほのかに悲しい陰りをつくるために、半音階を好んで使いました。「交響曲第38番『プラハ』」の第2楽章に、そうした手法が見られます。

さらに、あらゆる声部を歌わせる、多声的手法へ開眼し、**フーガ**[※30]の部分的な使用が増えます。

フーガの大活躍は、「交響曲第38番『プラハ』」の第1楽章展開部や、「交響曲第41番『ジュピター』」のフィナーレで見られます。

いくら曲をつくっても〝売れなければ意味がない〟。そう考えていた節のあるモーツァルトが、パリで作曲した交響曲について、父宛に書いたいじらしい手紙が残っています。

※30 主題とその模倣（応答）が交互に現れる。

〝この土地では最後のアレグロはみな、最初のアレグロと同じく、全楽器同時に、しかも大抵ユニゾンで始まると聞いていましたので、ぼくはそれをヴァイオリン二本だけでピアノで始めました。それも八小節だけです。その後にすぐフォルテが来ます。すると（ぼくが期待していたとおり）聴衆は、ピアノの時はシーッシーッと言っていましたが、それからすぐフォルテが来たのです。フォルテが聞こえるのと拍手が沸き起こるのと同時でした――嬉しさのあまり、ぼくはシンフォニーが終るとすぐにパレ・ロワイヤルへ行って、上等のアイスクリームを食べ、願をかけていたロザリオにお祈りをしてから、家へ帰りました。[※31]〟

あっぱれ！ではありませんか。

ウィーンに暮らしていたモーツァルトは、パリの人々から委嘱を受け、見事にウケる曲を書いたのです。この「交響曲第31番」でモーツァルトは初めてクラリネットを使います。そして、クラリネットと言えば、モーツァルトが晩年に作曲した世にも美しい「クラリネット協奏曲」。ぜひ聴いていただきたい1曲です。

モーツァルトが書いた交響曲41曲のうち、39〜41番の3曲のみ注文主がいない中で作曲しました。わずか6週間で書き上げています。

※31　W・モーツァルト『モーツァルトの手紙（上）』柴田治三郎編訳、岩波書店、1980年

この最後の3曲については、18世紀につくられた交響曲のなかで、もっとも重要かつもっとも多大な影響力をもつ曲として評価され、ひときわ光を放っています。特に、最後の「交響曲第41番『ジュピター』」は、演奏会でもたびたび演奏されています。

古典派のヒーロー、ベートーヴェンについては、次章で詳しく解説します。

第3章

革命家
ベートーヴェンによる
3つのイノベーション

「古典派」の完成

1 形式重視からオリジナリティの模索へ

世界的な指揮者、チョン・ミョンフンをして「歴史上、彼ほど素晴らしい音楽家はいない。人間としてあがく姿勢や自由への願いと闘争が、彼に特別な力を与えていた」と言わしめるのが、かのベートーヴェンです。

このマエストロの賛辞は、まさに世界共通のものであり、ベートーヴェンはいま世界中でもっとも多く演奏される音楽家のひとりでしょう。私自身も本当に尊敬する、大好きな、偉大な作曲家です。

彼のつくる音楽——それは、ピアノ曲や弦楽四重奏のほか、人生そのものを感じさせる交響曲まで、どれも素晴らしいのですが、私が皆さんにぜひお伝えしたいのは、彼が**クラシック音楽界に変革をもたらした〝革命家〟であった**点です。

ここでは、彼が起こしたクラシック音楽とその世界に起こした私が考える「3つのイノベーション」をご紹介していきますが、その前に彼の生い立ちを簡単に振り返っておきます。

ベートーヴェン

ルートヴィヒ・ヴァン・ベートーヴェン（1770〜1827年）が生きていた当時、ほとんどの音楽家が、王侯貴族や教会に雇われた使用人であったことは前述のとおりです。ですから、**筋金入りの音楽一家に生まれた**ベートーヴェンも、ごく若い頃は宮廷に勤めていたのです。宮廷でピアノやオルガンを弾いたり、貴族の子供たちにピアノを教えていました。

ベートーヴェンの祖父ルートヴィヒ・ヴァン・ベートーヴェン（ベートーヴェンと同じ名前です！）はベルギーのアントワープに生まれ、非常に優秀なテノール歌手でパイプオルガンも弾けるという音楽家だったので、その能力を買われて引き抜かれ、ボンに移住しました。ベートーヴェンが3歳の頃亡くなりますが、ベートーヴェンは**死ぬまでこの敬愛する祖父の肖像画を自室に飾っていた**と言われています。

そして、その祖父の息子、つまりベートーヴェンの父ヨハン・ヴァン・ベートーヴェンも宮廷音楽家であり、息子の才能を見出します。そして、ベートーヴェンが4歳の頃から、「これは第2のモーツァルトになるぞ！　すごい才能だ」（すでにモーツァルトは天才として有名でした）とスパルタ教育を施します。ところが、この父ヨハンは天才的な息子の才能で儲けようとしつつ才能に嫉妬したのか、偉大な父（ベートーヴェンにとっては祖父）の存在が重荷だったのか、徐々にお酒に

ベートーヴェンが敬愛した祖父

ベートーヴェンの両親

溺れるようになります。ですから、ベートーヴェンはアルコール中毒だった父の代わりに、一家の大黒柱として十代の頃から貴族に雇われて家計を支えていました。

すると、現代のビジネスの世界で「あそこにいい社員がいる」というクチコミが広がってスカウトされるのと同じように、ベートーヴェンという凄い音楽家がいるらしい、という噂《うわさ》も広がっていきました。当時のヨーロッパの音楽界でヒーローだったモーツァルトやハイドンはウィーンにいて、**ウィーンこそがいまのIT業界でいうシリコンバレーのような音楽の中心地**でした。ボンでベートーヴェンを支援するパトロンたちは、ベートーヴェンをウィーンのスターたちに会いに行かせれば、きっと音楽家としての格も上がるし演奏の場も広がるのではないか、と旅費を出して送り出してくれました。

実際、ベートーヴェンはモーツァルトに会って、即興でピアノを弾いたようです。**モーツァルトは**

18世紀半ばのウィーン

一言だけ、「彼は注目に値する」と感想を述べた、[※1]という記録が残っています。ベートーヴェンとしては様々な刺激を受けられるウィーンにもっと滞在したかったようですが、ボンにいる父から「母、危篤」の報が入り、やむなくボンに戻りました。しかし、ほどなく最愛の母も亡くなり、周囲の薦めもあって、ベートーヴェンは22歳で再びウィーンに向かいます。翌年、父ヨハンが亡くなった折もボンには帰らず、二度とボンに戻ることはありませんでした。そして、この二度目のウィーン時代から、彼の本格的な作曲活動が始まったのです。

ベートーヴェンの創作の特徴は、一般に3期に分けて解説されます。[※2]

まず**初期（1802年頃まで）は、師であるハイドン譲りの、整った形式と温かな旋律が特徴**です。編成の小さな室内楽から始めて、堅実に作曲の腕を磨き、満を持して1802年に「交響曲第1番」を完成します。この時期の代表作には、「ピアノ三重奏曲第1番」「交響曲第1番」などがあります。

続く**中期（1802年〜1814年頃）は、旋律を構成するごく小さな要素（動機）を様々に変化させ、そのパーツを組み立てて曲をつくる「動機労作」の手法を徹底して追究**します。この頃の作品は、曲全体として強い統一感があるのが特徴です。旋律単位での変形とそれによる構築（主題労作）は師ハイドンが発展さ

※1　H.C.ロビンズ・ランドン『ベートーヴェン　偉大な創造の生涯』深沢俊訳、属啓成監修、新時代社、1970年

※2　ウルリヒ ミヒェルス『カラー図解音楽事典』白水社、1989年、399頁をもとに加筆

せましたが、さらに細かい単位（動機）での変形と構築を行ったことにベートーヴェンの功績があります。

また、そうした抽象的な作品づくりに飽き足らず、民謡風の素朴なメロディを取り入れたり、文学を参照したりと様々な挑戦をしたのも、この時期の特徴です。この時期の代表作には、「交響曲第5番『運命』」、「ヴァイオリン協奏曲」などがあります。

その後の**後期（1820年代）においては、既存の作曲技法（ソナタ形式やフーガなど）や曲種（交響曲など）を独創的につくり替え、乗り越えようとする**チャレンジがなされます。交響曲に初めて声楽を取り込んだ「交響曲第9番」がその最たるものでしょう。抽象的な難解さと、すぐに誰しも虜になってしまう魅力とが混在している時期と言われています。

2 ベートーヴェンが起こした3つのイノベーション

こうした流れを踏まえ、ベートーヴェンの功績を私なりに「3つのイノベーション」としてまとめてみました。

イノベーション① 自分の気持ちを表現する音楽

二度目のウィーン時代も、当初は貴族や宮廷に呼ばれて演奏し、貴族の子弟のレッスンを行っていましたが、ベートーヴェンは徐々に市民階級と王侯貴族との格差に矛盾を感じ始めます。しかも、ナポレオンやフランス革命（1789年）を横目に見て、われわれ市民も貴族も人間はみな平等だ、という思いを強くし、**王侯貴族のためでなく、国民のためですらなく、人類みんなのために曲を書く、**とベートーヴェンは宣言します。

それまでの音楽家のように召使として指図されて作曲するのではなく、自分の思いを曲の前面に打ち出した初めての音楽家はベートーヴェンだと言われています。それまで、音楽家が自身の感情を音楽に託して告白する、なんていうことはなかったわけですから、まさに驚天動地の出来事と言えるでしょう。

ベートーヴェン以降の音楽家——後述する「ロマン派」といわれる人たちはさらに自由に音楽を謳いあげます。その先鞭をつけたのが、まさにベートーヴェンだったのです。

アンシャンレジームを風刺した画

イノベーション② パトロンに頼らないフリー音楽家

再びウィーンに移り住んだベートーヴェンは、ピアニストとして大スターになりました。

リヒノフスキー侯の持つ家で下宿させてもらいますが、貴族の支援に依存することなく、ピアノ奏者として公開演奏会を開き、その後、『ウィーン新聞』に「ピアノ三重奏曲集（作品1）」の出版と予約の広告を出します。予約者リストは、ウィーンとボヘミアの貴族が大半を占めていたようです。作品を献呈されたリヒノフスキー侯、それに夫人の実家のトゥーン伯爵夫人などが大口の予約者に名を連ね、123人が241部を予約したということです。[※3]

弟子もとりました。弟子はかの有名な、ピアノを習う人なら誰もが通る『チェルニー教則本』の作者**カール・チェルニー**（1791〜1857年）です。

人気絶頂の頃、ベートーヴェンは少しずつ耳に異常を感じ始めます。音楽家にとっての致命傷を知られまいと、ベートーヴェンは周りに耳の不調を言えません。少しずつ周囲と距離を置くようになり、声をかけられても聞こえないので挨拶もせず通り過ぎるようなことがあいまって、偏屈者と言われるようになります。ボ

※3 平野昭『ベートーヴェン』新潮社、1985年

ン時代には、哲学、美学、文学などの議論を楽しみ、むしろ社交的ですらあったと言われるベートーヴェンでしたが、自分の殻の中に閉じこもってしまうのです。

1802年、ウィーンから離れた静養先へ行き、弟たちに宛てて「**ハイリゲンシュタットの遺書**」を書きます。これは「遺書」と呼ばれていますが、「私は死にます」という後ろ向きな内容ではありません。むしろその逆で、「僕はまだ自分の内なるものを表現しきれていない、やるべきことがあるんだ」と、**自分をこの世に繋ぎとめているのは芸術だという、情熱あふれる内容**になっています。

ここからベートーヴェンは新たな力を得て、数多くの傑作をこの世に生み出し、成功をおさめます。フリーの音楽家としてはお金に困ることなく、生涯よりよい家を求め続けて60回以上引越しをしたベートーヴェン。これだけ引っ越すお金もあったのです。

ちなみに、88ページのベートーヴェンの肖像画は、本人がもっとも気に入っていたものという逸話があります。それまでのようなカツラの着用が義務づけられていた音楽召使としての肖像画でなく、若々しく独立した音楽家らしい肖像画と言えそうです。

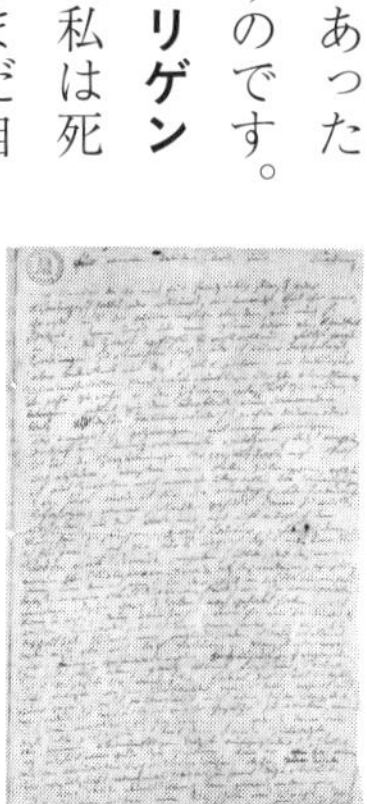
ハイリゲンシュタットの遺書

イノベーション③　先人のノウハウを徹底して完成させた

「ヘンデル、バッハ、グルック、モーツァルト、ハイドンの肖像画が私の部屋にある。――それらは、私が求める忍耐力を得るのに助けとなるだろう」[※4]という、ベートーヴェンのメモが残されています。

才能とは何かを考えると、様式をゼロから新たにつくる人と、すでに存在する様式を使って応用する人に大別できそうですが、ベートーヴェンは後者を究めた人と言えるでしょう。先人が発明した様式を徹底研究して、ついに**「交響曲第9番」では合唱も取り入れ、器楽曲という枠組みさえも乗り越えてしまう**のです。

ベートーヴェンの初期の作品は、ハイドン、モーツァルトをお手本にしていましたが、**多くの点で19世紀後半に現れる新しい面**をも見せています。

◎まだ第1楽章⁉

「交響曲第3番『英雄』」は、もともとナポレオンに献呈するために書かれた曲です。第1楽章のソナタ形式は、きっとベートーヴェンは第1主題（主役）をナポレオンだと思って描いたのでしょう。展開部が荘厳かつ壮大！　気がつけば、

※4　ベートーヴェン『ベートーヴェン音楽ノート』小松雄一郎訳、岩波書店、1978年

第1楽章のみでハイドンの交響曲1曲分に匹敵する長さです。

ひとりの英雄を描いた「交響曲第3番」は、ベートーヴェンにとっても自信作だったようで、1817年（「交響曲第9番」を作曲している頃）、詩人クリストフ・クフナーの「自作でどれが一番できがいいと思いますか」という問いに、ベートーヴェンは即座に『エロイカ（英雄）』と答えたという逸話が残っています。

◎よけいな遊びやメロディー不要！

ベートーヴェン「交響曲第5番」。日本では『運命』と呼ばれ、交響曲のなかでももっとも有名な曲のひとつです。
冒頭「ダダダダーン！」が有名ですが、このダダダダーンという動機が第1主題となり展開されていきます。「冒頭の4つの音は何を示すのか？」と弟子のシントラーがベートーヴェンに尋ねたところ、「運命はこのように扉をたたく」とベートーヴェンが答えたことが由来となったと言われてきました。[※5]
この曲ではメロディー的な要素は少なく、小さな要素（動機）を変化させ、そのパーツを組み立てて曲がつくられました。もとはすべて同じ素材からできているので、曲全体として非常に統一感があるのが特徴です。

※5　ただし、現在では否定する言説もある。

ロマン派の足音

この「交響曲第9番」が誕生し、次の〝ロマン派〟と言われる時代が見えてきます。

ベートーヴェンの死で大きくひとつの時代が幕を閉じ、シューベルトらが活躍する時代へ移っていきます。残された者にとっては、あまりに偉大な交響曲を残したベートーヴェンの次を担うことは重荷でもあったでしょう。

しかし、神様はきちんと後継者も授けてくださっていました。

そのうちの一人が、「**三大B**[※6]」に数えられるブラームスです。

ウィーン黄金期の古典派と呼ばれる音楽は、次のロマン派でどのような進化を遂げるのか、それは次章で見ていきましょう。

※6　バッハ、ベートーヴェン、ブラームスの頭文字。ドイツのコルネリウスが1854年に指摘した「バッハ・ベートーヴェン・ベルリオーズ」について、後にドイツ人指揮者のビューローがベルリオーズからブラームスに置き換えた3Bを提唱し定着した。

Column

海外では日本ほど頻繁に演奏されない!?「第9」の創作・初演秘話

「私たちは特にわが国の音楽ファンの願いを表明するものであります。なぜならベートーヴェンの名前と仕事は、芸術的理解力を有するあらゆる時代と国のものではありますが、それでもなお、目下のところでは、オーストリアはベートーヴェンを自分のものとして主張しうるものだからです。（略）そしてオーストリア国民は、モーツァルトとハイドンとベートーヴェンという、いわば音楽の国の崇高な象徴ともいうべき神聖な三位一体が、彼らの故国の土から生れたことを、喜こび、誇りにしております（略）願わくば、今年のうちにこの願いの実現を見ることができますように。[※7]」

これは1824年、ウィーンの音楽愛好家らがベートーヴェンに宛てた嘆願書です。

当時、ウィーンでは扇動的な音楽への検閲が強まると同時に、軽薄な音楽

※7　H．C．ロビンズ・ランドン『ベートーヴェン　偉大な創造の生涯』深沢俊訳、属啓成監修、新時代社、1970年

に流行が移っていっていました。そういう風潮に嫌気がさしたベートーヴェンは、「交響曲第9番」をウィーンではなくベルリンで初演しようと計画を立てていました。それを知ったウィーンの音楽愛好家らが立ち上がり、初演はウィーンで！　とベルリン公演を阻止すべく書かれたものです。この嘆願書を読んだベートーヴェンは「ほんとうにすばらしいことだ！　私は幸福だ！」[※7]と大変に感動した様子が記録に残っています。

第9が初演されたケルントナートーア劇場

そして、「交響曲第9番」は同年5月7日、ウィーンのケルントナートーア劇場で初演され、割れんばかりの熱狂的な拍手がベートーヴェンに贈られました。しかし、耳が聞こえないベートーヴェンはお客さんに背を向けて指揮をしていて、終演後の大喝采にも気づかなかったようです。そこで、歌手の1人が、ベートーヴェンをくるりと客席に向かわせました。

※7　前同

すると、お客さんたちは、耳が聞こえないベートーヴェンを気遣い、みなハンカチを振って感動を伝えました。

それを見たベートーヴェンは、ひどく感激したようです。でも実は、その演奏会の収入が思ったよりかなり少なくてショックで1日寝込んだ、という後日談もあるのですが。

今も地球上で燦然と輝く交響曲第9番の構想は、いつからベートーヴェンのなかで生まれたのでしょうか。

それは、ボン大学時代まで遡ると言われています。

ベートーヴェンは22歳でウィーンへ公費留学するまでボンで生活をしていました。ボン大学では、啓蒙思想や革命思想の講義も行われていました。この町で、**ベートーヴェンもフランス革命の「自由・平等・博愛」といった理念に強い影響を受けた**ようです。

というのも、フランス革命は、周囲のイギリス、ドイツ、ロシア、オーストリアといった王制の国々から武力による干渉を受けますが、ボンを治めるケルン選帝侯のマクシミリアン・フランツは当初、フランス革命に対して中立を守るほどの啓蒙専制君主でした。この領主は、ボン大学の講義内容にも一切干渉しなかったそうです。

このような「啓蒙専制」という矛盾した君主がいた理由は、近隣諸国に対抗できる国力（特に軍事力）をつけるために、啓蒙主義の掲げる理性や合理主義に根ざした諸改革を推し進める必要があったからです。その改革のひとつとして、ケルン選帝侯はアカデミー、大学、劇場、オーケストラをつくるなど、知的基盤への大きな投資を行っていました。

ベートーヴェンは、このようなボンの知的風土に育ったのです。のちに「自由と進歩のみが芸術の世界の目的であります」（1819年の手紙）と書くほどの人物になりました。[※8]

ボン大学ではフィッシェニヒ教授による**フリードリヒ・シラー**（1759～1805年）の詩作に関する文学の講義も受けている可能性があります。大学とは別に、街の読書会でシラーに触れたとも言われています。いずれにせよ、フィッシェニヒ教授は1793年1月26日付のシラー夫人に宛てた手紙にこう書きました。「（ベートーヴェンは）選帝侯によってウィーンのハイドンのもとへ派遣されました。彼はシラーの『歓喜に寄す』のすべてを作曲

※8　小松雄一郎編『新編ベートーヴェンの手紙　上・下』岩波書店、1982年

シラー

するでしょう」[※9]。

シラーの「歓喜に寄す」こそ第9の合唱の歌詞であり、ベートーヴェンが22歳で第9を着想していた証拠として知られている手紙です。

「幾百万の人びとよ！　この接吻を全世界に」と謳うシラーの詩は、自由と力強い進歩と愛を描く詩です。ベートーヴェンは音楽家人生を貫く思想の軸をボンの町で手に入れたのでしょう。

青年期の着想から30年、折に触れて楽想をメモしていましたが、様々に記録していたモチーフを統合して、本格的に第9に着手したのは1823年でした。これまでの交響曲の様式に楽器を増やし、独唱と合唱を入れた1時間10分もかかる大作ですが、わずか1年で完成し、コラム冒頭に紹介したとおり1824年にウィーンで初演しました。ベートーヴェンが難聴となったのは1798年と言われており、第9初演時にはほとんど聴こえなかったようです。それでも完全無欠の交響曲が仕上がったのは、学生の時に得た思想の軸が、まったくぶれなかったからだと言えるのではないでしょうか。

この第9は、実は海外では日本ほど頻繁に演奏されることはありません。

※9　平野昭『ベートーヴェン』新潮社、1985年

特に神聖な曲と考えられているためでしょう。
　世界で演奏された事例として有名なのは、ベルリンの壁が崩れて東西ドイツが統一された時の第9の演奏会です。東西ドイツ、敵だったイギリス、フランス、さらにベルリンの壁のきっかけとなったアメリカ、ソ連（当時）の6つのオーケストラが、名指揮者レナード・バーンスタインのもと集結するという奇跡的な演奏会でした。バーンスタインは東西ドイツ統一を祝って、「Freude!（歓喜よ！）」という歌詞を「Freiheit!（自由だ！）」に置き換えて歌わせました。[※10]
　このことをベートーヴェンが知ったら、自分の願いはようやくかなった、と涙を流して喜んだでしょう。

※10　http://www.hmv.co.jp/news/article/1407030046/

3 工業化とビジネスづくりで先行したイギリス

ピアニスト兼作曲家だったベートーヴェンが使用していたピアノは、現在の最新メカニズムの楽器ではありませんでした（次ページ図）。

彼が生まれる60年ほど前の１７０９年頃、ピアノの前身といわれるチェンバロの製作者、イタリア人のクリストフォリが、従来のように弦を引っ掻く機構から弦をハンマーで叩くメカニズムに変更したチェンバロを製作しました。「ピアノ（弱音）とフォルテ（強音）」の両方が出せるチェンバロとして販売した楽器、これが史上初のピアノです。

ベートーヴェンが成人した１７９０年頃には、打鍵のメカニズムを強化した英国のメーカー、ブロードウッド社のピアノがヨーロッパでもシェア首位を誇り、ベートーヴェンもこの会社のピアノを日常的に愛用していました。

ピアノの進化と、使用した主な作曲家

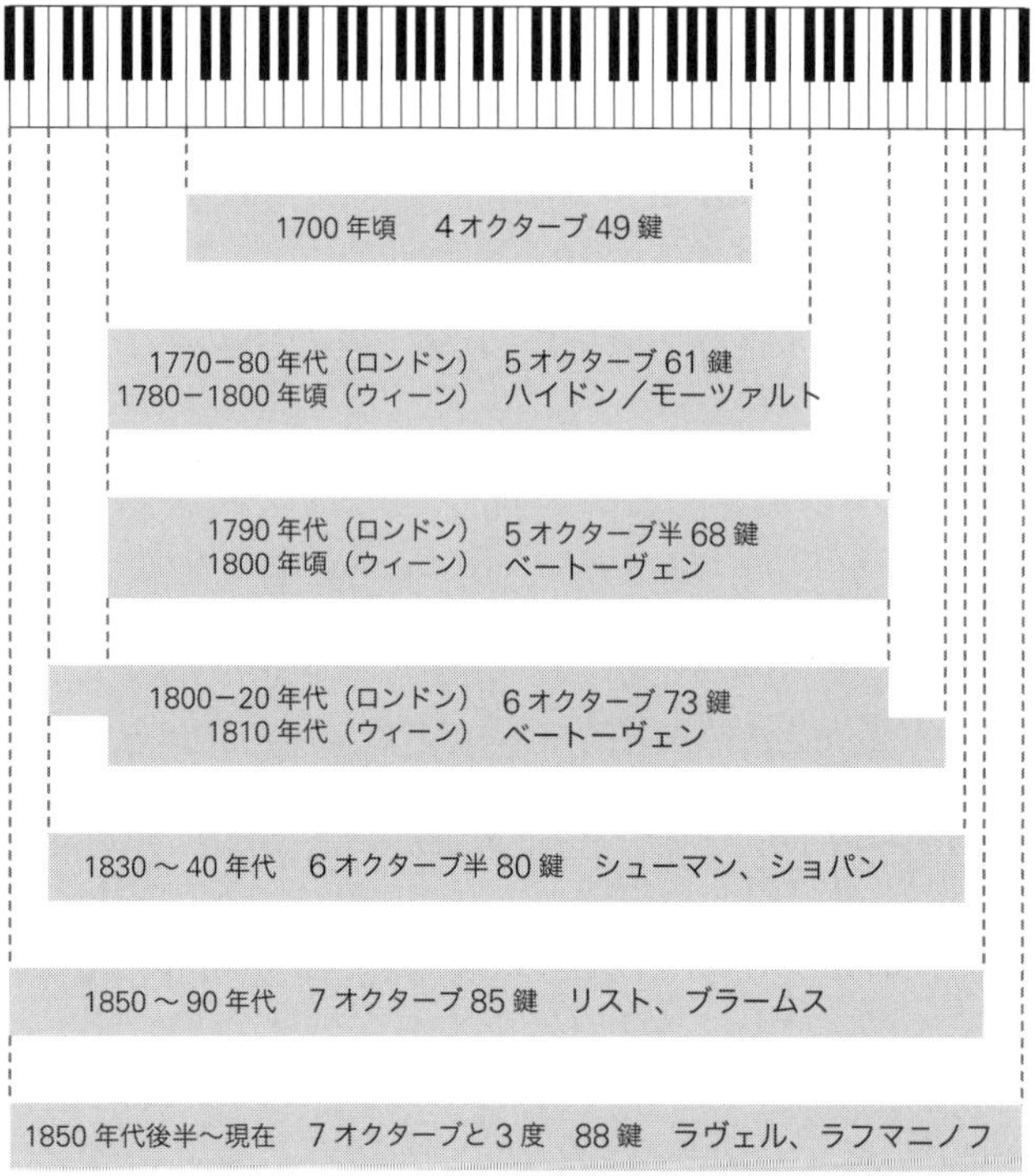

展覧会「むかしむかしの素敵なピアノ展　19世紀に咲いた華」（2013年8月1日〜29日
主催：ヤマハ株式会社／浜松市楽器博物館）リーフレットより抜粋

クラシック音楽の発展は、楽器の技術革新のみならず、政治史や経済史と連動しています。

たとえば、先のコラムで触れたとおり、ベートーヴェンはシラーの詩を元に、第9の第4楽章を作曲しました。ベートーヴェンの理想は「自由と進歩のみが芸術の世界の目的」（1819年の手紙）というものです。

彼の思想的背景にはイギリスの市民革命（名誉革命など）やフランス革命、そして革命を守る初期のナポレオン精神がありました。当時の大陸欧州の青年たちの多くが、ベートーヴェンと同じように考えていたでしょう。

ベートーヴェンのような音楽家が、貴族階級の使用人から脱し、自由な創作活動で演奏会の入場料を得るようになるのも、市民の権利が増大し、その顧客となれたからできたことです。モーツァルトやベートーヴェンは、その最初期の音楽家でした。

古代・中世以降のヨーロッパは、イスラム圏やインド、東南アジア、中国に比べれば、農産物から科学技術まではるかに後進地域でした。では、市民はどのように経済力を獲得して、富裕層（ブルジョワジー）が増えたのでしょうか。主には、アジアと交易することで、豊かな東方の物産や技術を手に入れていきます。

最初期は、12世紀のヴェネツィア共和国でした。ヴェネツィアの造船技術の発達が大きな影響を全欧州に与えます。ヴェネツィアは音楽だけでなく、商業国家、海洋国家として先頭に立っていました。ヴェネツィア楽派の活躍は、ヴェネツィア市民の経済力が支えていたのです。

ヴェネツィアの経済成長のきっかけは、アルセナール（公営造船所）の設立でした。１１０４年、最初のアルセナールが登場しました。そして１００年、２００年と経て、分業システムを導入した大造船所が林立するようになります。この工業力が東地中海を制し、中東からアジアに及ぶ交易を支えていたのです。ちなみに、楽譜印刷業の集中も、ヴェネツィアの商業、金融、技術力が背景にあります。

アルセナールで製造していたのはガレー船（大型人力船）で、地中海で多く使用されました。

中東、アジアへ乗り出して買いつけた物産は、胡椒、香辛料、お茶、コーヒー、絹織物などで、これらをヨーロッパ各地で売って巨万の富を得ました。安く調達して高く売るのが商売ですから、情報も物産も独占していたヴェネツィア商人はもうかります。

15世紀から17世紀の大航海時代になると、コロンブスのアメリカ大陸発見以来、ヨーロッパの視線は西方、大西洋に向かい、ヴェネツィアは相対的に没落します。大航海時代は当初、カトリックのスペインとポルトガルが主導しました。コロンブスはイタリア人ですが、スペイン女王の投資をもとに大西洋を横断します。そして16世紀後半以降は、プロテスタントのオランダとイギリスが大航海時代の主役になり、覇権国が交代します。

産業革命がもたらすライフスタイルの変化

そして、いよいよ18世紀に入ると、イギリスで世界史上初めて産業革命が起きて、急激な経済成長の段階を迎えます。

産業革命とは、工業化による生産性の急上昇、資本主義の発達、市民階層のライフスタイルの大変化を総合した概念です。イギリスの場合、インドからの綿織物の流入を減らすため、自国生産を目指したことが産業革命のきっかけになったと言われています。後にインドが綿織物の輸出国から輸入国に転じるほど、イギリスの生産力は向上しました。

生産技術の担い手は市民階層であり、王侯貴族ではありません。市民階層の財産権の自由がなければ、イノベーションを起こす動機がありません。つまり産業革命の背景には、市民革命があったわけです。

イギリス産業革命のいろいろな年表から、主要な発明発見をピックアップし、同時期の音楽史の項目を並べてみました（次ページ年表）。

古典派からロマン派前期の作品は、イギリス産業革命と同時期に誕生したことがわかります。工業化が遅れていたドイツやオーストリアは古典派の絶頂期にあったのに対し、**工業化が進んでいたイギリスではこれといった作曲家が出現せず、もっぱら音楽を消費する側**にまわります。

たとえば、富裕な市民が増えているロンドンでは、ドイツ人ながらイギリスに帰化したヘンデルの「生誕１００年祭」が１７８４年に開催されています。これは、世界で初めてのオープンな大規模音楽祭でした。**音楽を支えるビジネスの仕組みは、イギリスで発達した**とも言えるでしょう。

また、管楽器などの製造も工業化によって大量生産が可能になり、メカニズムも改良されていきます。音律も産業革命期に平均律に標準化されたため、ピアノの生産も工業化が進みました。

そしてトランペットやホルンには、蒸気機関のようにピストンやバルブが付き、

イギリス産業革命と音楽史

年号	発明（人名）	音楽史
1759	陶磁器製作所 （ウェッジウッド）	◉ヘンデル没（ロンドン）、ハイドン交響曲第１番
1764	ジェニー紡績機 （ハーグリーブス）	◉モーツァルトが産業革命下のロンドン楽旅
1769	新蒸気機関発明 （ワット）	◉モーツァルト／交響曲第９番、イタリア楽旅
1771	水力紡績機 （アークライト）	◉モーツァルト／交響曲第12、13、14番
1779	ミュール紡績機 （クロンプトン）	◉C.P.E. バッハ／６つのクラヴィーア・ソナタ第１集
1784	複動回転式蒸気機関 （ワット）	◉ロンドンで「ヘンデル生誕100年祭」3日間開催
1785	機械動力織機 （カートライト）	◉モーツァルト／ピアノ協奏曲第20、21、22番
1789	蒸気力紡績工場 （ワット、ボウルトン）	◉ハイドン／交響曲第92番『オックスフォード』
1807	卓上蒸気機関 （モーズリー） 蒸気船 （フルトン）	◉ベートーヴェン／交響曲第４番（初演）
1815	ブリストル有料道路建設 （マクアダム）	◉シューベルト／歌曲『魔王』『野ばら』
1825	蒸気機関車 （スティーブンソン） 自動ミュール紡績機 （ロバーツ）	◉メンデルスゾーン／弦楽八重奏曲

※特記がない限り、作曲年

半音階が出るようになります。実用化は１８２０年代の終わりからだったようです。ベートーヴェンは「第9」の第3楽章で、4番ホルンのパートを、バルブ付きで半音階が滑らかに出るようになったホルンを前提にして書いていると言われます。[※11]ピアノのメカニズムの更新については、前述のとおりです。

ワーグナーは、オペラ『リエンツィ』（１８４０年）でナチュラル・トランペット2本、バルブ・トランペット2本を明確に指定していますし、楽劇『ニーベルングの指環』（１８７６年に4部作同時上演）では楽器工房にホルン奏者が吹くためのバルブ付きチューバ（ワーグナーチューバ）をつくらせて使用しています。

機械工業の発達は、オーケストラの金管楽器の機能を飛躍的に高めたのです。

イギリス産業革命と同時期にあたる、１７７６年に**アメリカ独立宣言**、１７８９年には**フランス革命**が起こります。アメリカ独立宣言で「幸福追求権」、フランスの人権宣言で「所有権」が認められ、人々の私的所有権、経済的自由権、財産権が保証されました。

これらの権利によって、資本主義が発展することになります。**産業革命で増えた富裕な市民は娯楽を求め、特に豪華なオペラが人気となった**ことは次章3節で説明します。

※11　佐伯茂樹『カラー図解楽器の歴史』河出書房新社、２００８年

アジア、アフリカ、中東、インドは、工業化した19世紀のヨーロッパ諸国の植民地となり、生産力が飛躍的に増大したヨーロッパの市場、原料供給地、労働力供給地にされます。日本は例外的に自国で産業革命を成し遂げ、資本主義を導入し、教育では西洋音楽を丸ごと移入します（後の終章参照）。

大きな利潤を得る成功者の出現が資本主義の特徴ですが、反対に**格差が拡大し、貧困層が増える**ことにもなりました。プロイセンの編集者で哲学者のカール・マルクス（1818～83年）は、生産要素の私的所有を排し、国有化することによって貧困を解消しようという社会主義経済学をまとめます。それが1848年の『共産党宣言』、そして1867年の『資本論』第1巻でした。

1848年にヨーロッパ各地で始まる君主制国家に対する革命運動（諸国民の春）に参加したワーグナーやスメタナがマルクスを読んでいたかどうかわかりませんが、影響を受けたのではないでしょうか（詳細は次章）。

マルクス

Column

世界的な指揮者チョン・ミョンフンに聞く

クラシック音楽の魅力

私がよくクラシック音楽について話すのは、なぜこれほど素晴らしく世界でも独創的に発展してきたのかということ。そこには、非常に大きな奇跡が起きたといえるでしょう。少なくとも**1000年以上もの間に、次々と現れた天才音楽家たちがチェーンのように連鎖して発展**してきました。

どんな国にも、素晴らしい作家や画家、詩人など芸術家がいるのと同じく、その国固有の伝統的な音楽があるけれども、ベートーヴェンやモーツァルトがつくった音楽ほど広く深く進化・発展した音楽はどんな国にもないと思います。ですから、私はベートーヴェンをドイツ人ととらえていなくて、**世界にとってのギフト**だと思っています。同様に、ヴェルディも国籍をいえばイタリア人であっても、世界にとってのギフトであると考えています。彼らの音楽が世界中で演奏されることを、嬉しく思っています。

そして、彼らの音楽は、私たちが地球上の普段の生活で遭遇し得るものを

©ヴィヴァーチェ

チョン・ミョンフン
東京フィルハーモニー交響楽団名誉音楽監督（2016～）、フランス国立放送フィル名誉音楽監督（2016～）、シュターツカペレ・ドレスデン首席客演指揮者（2012～）。ピアニストとして室内楽公演に出演するほか、アジアの若い演奏家への支援、ユニセフ親善大使、アジアの平和を願う活動など、多岐にわたり活躍している。1953年韓国ソウル生まれ。

超えた何かを見せてくれます。（音楽を通じて）**大きな力とのスピリチュアルなコミュニケーションを感じられる**はずです。そのスピリットの存在を信じられるなら、クラシック音楽を演奏したり聴いたりすることで得られるものはより大きくなります。

音楽は、あらゆる障壁——人間同士の間や政治間の壁を乗り越える力をもっています。私は人間である以前に、音楽家です。そして、韓国人である以前に音楽家なのです。それは、クラシック音楽が素晴らしいがゆえに言えることです。

初心者の方にお勧めするならベートーヴェン交響曲第5番

音楽を奏でるうえで常に私が学生さんなどに伝えているのは、次の3つのことです。**まず考えること（Think）。それを愛すること（Love）。そして、それを信じること（Believe）。**自分の頭脳（Mind）とハート（Heart）とソウル（Soul）を全部使うこと。どんな音楽もみな素晴らしいけれども、偉大な頭脳、大きな情熱、深い魂、この**3つのコンビネーションはクラシック音楽にしかないものであり、これほどソウルに深く触れるものはない**と思っています。それが、音楽のパワーに繋がっています。

お勧めしたい作曲家を10人に限って挙げるというのは難しいけれども、やってみましょう。

モーツァルト、ベートーヴェン、シューベルト、ヴェルディ、ラヴェル、ストラヴィンスキー、ベルリオーズ……それとブラームス！　これは入れなきゃ！　あとマーラーとブルックナーですね。

初心者の方が聴くうえでおすすめの曲も沢山あるけれども、たとえば個人的な思い出を絡めて言えば、「**ベートーヴェン交響曲第5番**」でしょうか。私には3人の息子がいて、強制的に音楽の道に進ませようとはしなかったのですが、3番目の息子が7～8歳の頃に偶然、私が学生にこの曲を教えているところを聴いていたようです。雷に打たれたように感激したらしい。それをきっかけに、彼はクラシックの道に進みました。

第4章

ナショナリズムと芸術

「ロマン派」とオペラ全盛

1 共和主義と自由主義の広がり：「ロマン派」の出現

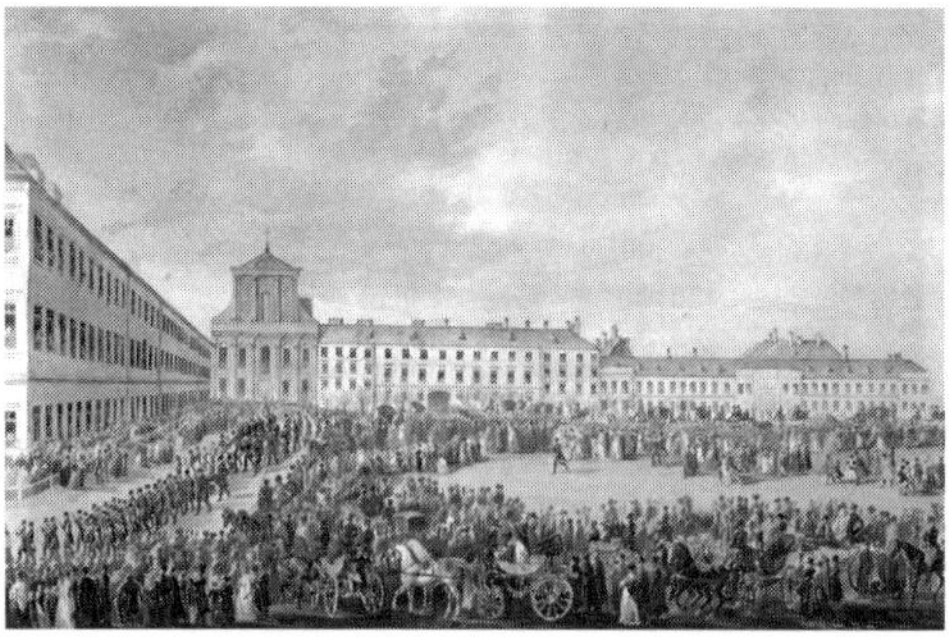
ベートーヴェンの葬儀の様子

1827年3月26日、ベートーヴェンはウィーンで56年の生涯に幕を閉じました。
その3日後に執り行われた葬儀では、遺体が4頭立ての霊柩馬車に移されると、その後に参列者を乗せた200台の馬車が続き、ヴェーリング墓地まで、集まった人の数は沿道の人々を合わせると2万人に上ったといいます。[※1] 参列者の中には、翌年ベートーヴェンを追いかけるように亡くなったシューベルトもいました。
ハイドン、モーツァルト、ベートーヴェンというウィーンでつくられた「古典派」の大きな波が、次の時代へ交わり、若き作曲家たちにより新たな

※1 木之下晃、堀内修『ベートーヴェンへの旅』新潮社、1996年

船出が始まりました。シューベルト、シューマン、リスト、ワーグナー、スメタナ、ブラームス、チャイコフスキー、ドヴォルザーク、マーラー……が登場する1900年頃までを「**ロマン派**」と呼びます。

この頃は、**コンサートに出かけ、みずからも演奏を楽しむ市民階級のアマチュア愛好家が増え、音楽が王侯貴族だけのものではなく、急速に市民に広がっていった**時代です。

1839年にはドイツで初めての長距離鉄道も開通し、馬車で数日かかった場所へも数時間で出かけることが可能になったおかげで、演奏家の活躍の場が広がりました。ピアノの超絶技巧で一世を風靡したリストはヨーロッパ中を駆け巡り、多くの人を魅了しました。連作交響詩「わが祖国」の第2曲「モルダウ」で有名なスメタナは、プラハでリストのピアノに接し、音楽の道に進むことを決めたと言われています。

そして、マスコミも発展しました。当時を代表する文学者**E.T.A.ホフマン**（1776～1822年）はライプツィヒの「一般音楽新聞」で、演奏会批評や楽譜の紹介を行い、これをきっかけに音楽批評が確立されていきます。また文才にも恵まれていたシューマンは、『音楽新報』（月刊）を創刊し（現在も刊行されています！）、音楽ジャーナリストとしても手腕を発揮しました。**シューマンの筆に**

ホフマン

よって、ブラームスやショパンが世に出ることになります。

シューマンが書いた評は、『音楽と音楽家』[※2]という本で読むことができます。ロマン派を代表する作曲家であり、文学青年だったシューマンの見事な文章から、まだ聴いたことがない音楽でもまさに聴こえてくるようです。

こうして、少しずつ音楽家を取り巻く環境は変わっていきました。

王侯貴族に雇われた音楽家時代から、誰にも気を遣うことなく自分の作品を世に出せる時代が到来したのです。作曲家たちは様々な手法で、自分たちの感情を音にしていきます。当時、**交響曲はベートーヴェンで最高峰に達したと考える音楽家も多く存在**しました。

そんななかで、偉大な先人から受け継いだものをさらに発展させるべく、ベルリオーズは各楽章に標題をつけ、その標題に沿って音楽が展開していく「**標題音楽**」という概念に基づいて曲をつくりました。そして、ベルリオーズの影響を受けたリストは、「詩的なものと音楽的なものの結合」として「**交響詩**」を、ワーグナーは音楽や美術、文学、舞踊を総合した「**楽劇**」を生み出しました。

作曲家の構想が、これまでの楽器の機能では到底表現できなくなり、この時代は楽器の種類も拡大していきます。ほかに、民族楽器や新しく発明された楽器も使われるようになりました。その結果、どんどんオーケストラの編成も大きくな

※2 吉田秀和訳、岩波書店、1958年

っていきます。

ロマン派は英語で「ロマンティック（romantic）」です。**愛を語り、詩的なメロディを多く生み出している19世紀ロマン派の音楽は、まさに音楽物語**。音楽を聴きながら、まるで小説を読んでいるように、別世界へと私たちを導いてくれます。

ここからは、代表的な作曲家たちについて、それぞれ簡単に紹介していきます。

31年の生涯で神々しい美しさを表現したシューベルト

フランツ・シューベルト（1797〜1828年）はロマン派に数えられますが、彼の生きた時代はウィーンの黄金期と言われ、その申し子であるハイドンやモーツァルト、ベートーヴェンの人生と少しだけ重なっています。実のところ、この4人のうち、唯一シューベルトだけが、**ウィーンで生まれた生粋のウィーンっ子**です。

31歳という短い生涯で、多くの曲を書きました。彼がどれほど多くの曲を書いたかが死後約50年後に明らかになり、その数は1000曲以上にのぼりました。生前、楽譜出版されたのは200曲あまりだったのですが、恐るべき仕事量です。

シューベルト

ダンスの好きなウィーン人のために約350曲もダンス曲をつくり、[※3] 友人らがシューベルトを囲みシューベルトの音楽を聴く会「シューベルティアーデ」（左写真）でもピアノや室内楽、歌曲を発表しました。ロマン主義の本質的な金字塔となった「交響曲第7番『未完成』」[※4] のほか、シューマンが「この交響曲にはただの美しい歌とか、今まで音楽が幾百回となく表してきた、ありふれた音楽といったもの以上のものが秘められていて、聴く人を今まで居たこともない或る国へ連れて行く。嘘だと思ったら、この交響曲を聴いてみたまえ」[※5] と評した「交響曲第8番」など、美しいメロディを紡いでいきます。

シューベルティアーデ（ユリウス・シュミット）

そして、シューベルトと言えば**歌曲（リート）の王**として知られますが、『野ばら』『魔王』『菩提樹』など多くの名作があります。これら名曲に対する「この世のものとは思えぬ凝縮された抒情集」というシューマンの評価は、ほかの多

※**3** 小塩節『「モーツァルトへの旅」音楽と人生に出会う』知恵の森文庫、光文社、2006年

※**4** 三善晃「シューベルティアーデの会」

※**5** シューマン『音楽と音楽家』吉田秀和訳、岩波書店、1958年

くの者の意見を集約しています。

代表的な歌曲集は『美しい水車屋の娘』『冬の旅』です。ゲーテの詩を愛し、彼の詩で75曲もの音楽を作り、手紙も書きましたが返事をもらうことはありませんでした。ゲーテは、ロマン派的なるものは「病的」だと言って拒否していたのです。しかし、シューベルトが亡くなって2年後、ゲーテは『魔王』を聴き「全体のイメージが眼で見る絵のようにはっきり浮かんでくる」と感動し評価を改めたと言います。[※6]

このことを生前にシューベルトが知ったら、どれほど喜んだでしょう。

1828年11月19日シューベルトは永遠の眠りにつきます。シューベルトの願いどおり、お墓はベートーヴェンのお墓のそばにあります。1830年に友人たちが建てた墓碑には、詩人グリルパルツァーによる碑文が刻まれました。

「音楽はここに豊かな宝を埋葬し、さらに、もっと素晴らしい希望も埋めた……」[※7]

ここまで、シューベルトのことを書いていたら、シューベルトの最後のピアノ曲、「ピアノ・ソナタ第21番変ロ長調D960」のメロディが浮かんできました。もうすぐ自分が天国に召されると感じていたのでしょう。天国と会話をしているような、天国にまで届きそうな美しく立ち昇るメロディ、キラキラとまぶしい別

※6 京都大学交響楽団「シューベルトとゲーテ」アーカイブ

※7 村田千尋『シューベルト』音楽之友社、2004年

世界がそこに。でもやはり生きたいという叶えられない望みとの間で揺れる音、そして最後はシューベルトの祈りの音となって静かに終わります。

シューベルトは、古典派の作曲家か、ロマン派の作曲家か、と聞かれます。このピアノ・ソナタを聴いていると、もうロマン派の扉を開いているとしか思えません。

ジャーナリストとしても活躍したシューマン

鳴り響くあらゆる音を貫いて
色様々な大地の夢の中に
ひとつのかすかな調べが聞こえる、
密やかに耳を傾ける人のために※

（高野茂 訳）

これは、ドイツ・ロマン派音楽を代表するピアノ曲のひとつ、**ロベルト・シューマン**（1810〜56年）の「幻想曲ハ長調（作品17、1838年）」第1楽章の冒頭に掲げられた詩です。

詩の作者であるフリードリヒ・シュレーゲル（1772〜1829年）は「ド

※ フリードリヒ・シュレーゲル「茂み」より

シューマン

イツ文学におけるロマン主義とは、過去において喪失されたものを取り返す運動である」と言い続けた詩人・哲学者です。

失われた大地とその価値、湧き出る夢の調べに対する大いなる郷愁、それは、いつの時代においても「失われた源泉」を求める旅のなかでこそ発見される、とシュレーゲルは主張しています。

この曲は、ボンにベートーヴェンの記念像を建てる、その寄付金集めのために書かれました。しかし、もうひとつの意味もありました。当時**クララ**と婚約しながらもクララの父から猛反対されて先が見えない状況下、彼女に書いた音楽のラブレターとも言えます。この冒頭の詩にある「調べ」は、クララを指しています。シューマンは音の詩人でした。

ついに父親の猛反対を押し切り、2人は1840年に結ばれます。クララは19世紀に高名なピアニストとして名を残すほどの音楽家だったので、同業のビッグカップルがここに誕生しました。シューマンはあまりに嬉しかったのか、124曲もの歌曲を一気に作曲します。[※8] そしてクララと結婚した翌年、「交響曲第1番」を発表します。同曲の標題『春』は、詩人アドルフ・ベットガーの詩『汝、雲の霊よ』に登場する「谷間に春が燃え立っている」というフレーズに非常に感動し

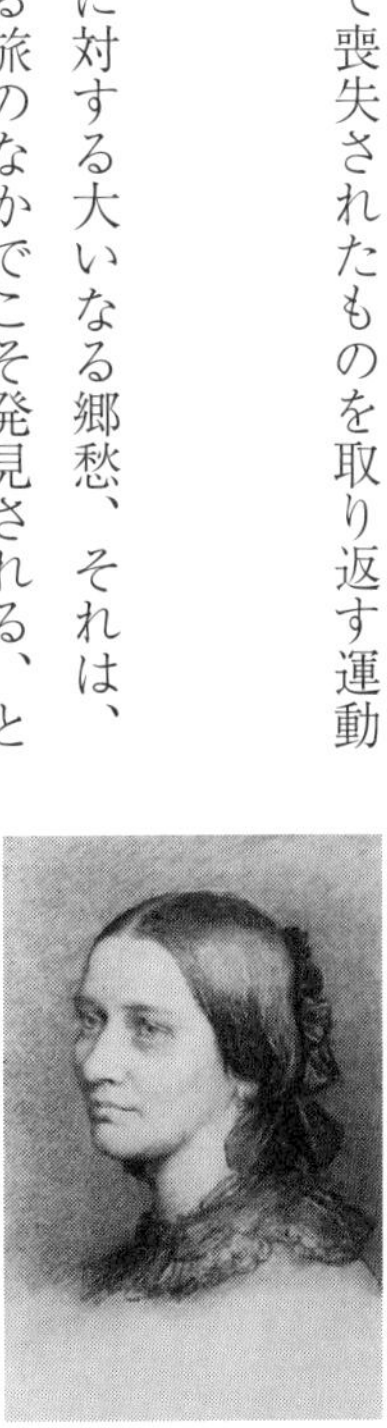
クララ

※8 藤本一子『作曲家 人と作品 シューマン』音楽之友社、2008年 193頁

てつけられたものです。各楽章には「春のはじまり」「夕べ」「楽しい遊び」「春たけなわ」と楽想を書いています。結婚した喜びにあふれた交響曲です。

シューマンは先に述べたように、**作曲のほか『音楽新報』を創刊し音楽ジャーナリストとしても活躍**していました。ここに、19世紀最大の論争が起きます。当時、もっとも力を持っていた音楽評論家ハンスリックが、リスト、ワーグナー、ベルリオーズの生んだ「標題音楽」「交響詩」「楽劇」を徹底的に批判したのです。リストたちは、独自の形式を用いて理想とする音楽をつくっていました。

シューマンやブラームスは、ハンスリックの意見に賛成します。作曲方法や形式に忠実でありながら、独創的な作品を生み出していたブラームスは「反リストの論陣を張ろうとぼくの指はむずむずしている」と、ライプツィヒで行われた『音楽新報』創刊25周年を祝う会合で盟友ヨアヒムに語り、徹底抗戦の構えをみせました。

この騒動について、当時の人々は**「ワーグナー派（文学的な標題芸術派）対ブラームス派（純粋芸術派）」**という図式でこの2つの流派を敵対的に論じましたが、ブラームスは、ワーグナーの逝去の報せを聞いて月桂冠※9を贈るほど彼の作品を評価していました。

Neue Zeitschrift für Musik.
Verantwortlicher Redacteur: Franz Brendel.
Zweiunddreißigster Band.
№ 35.
Verleger: Robert Friese in Leipzig.
Den 30. April 1850.
Von dieser Zeitschr. erscheinen wöchentlich 2 Nummern von 1 oder 1½ Bogen.
Preis des Bandes von 52 Nrn. 2⅔ Thlr. Insertionsgebühren die Petitzeile 2 Ngr.
Abonnement nehmen alle Postämter, Buch-, Musik- und Kunsthandlungen an.
Inhalt: Zeitgemäße Betrachtungen. — Musik für das Theater. — Kirchenmusik. — Kritischer Anzeiger. — Intelligenzblatt.

音楽新報

※9　古代ローマ時代から、優れた者を顕彰するために贈る習慣があった。

シューマンが創刊した『音楽新報』は現在も続いています。

医学の道を捨て、23歳から音楽を学んだベルリオーズ

次に、フランス・ロマン主義を代表する奇人**エクトール・ベルリオーズ**（1803〜69年）を聴いてみましょう。フランスの田舎で医者の息子として生まれたベルリオーズは、18歳でパリへ行き医学部に進学します。しかし次第に医学から音楽へ興味が移り、父の反対をふりきって医学の道を捨てて作曲家を志し、猛勉強して20歳でパリ音楽院に入学します。

ベルリオーズの功績は、代表作『幻想交響曲』（作品14・1830年）において、前述した**標題音楽**を確立させたことでしょう。この曲は、作曲家自身の恋愛を投影した私小説的なつくりになっています。イギリスの女優ハリエット・スミッソン（1800〜54年）との恋愛体験を交響曲に仕立てたのです。

ベルリオーズはこの幻想交響曲で、「恋人を表す動機」を全5楽章にわたって登場させ、変形していき、その動機を**「イデー・フィクス（固定楽想）」**と名づけました。第5楽章では恋人の動機（固定楽想）が、ゲーテ『ファウスト』の「ワルプルギスの夜（魔女の祝宴）」のグロテスクな姿へ変容します。ここに、**ロマン主義者らしい豊かな想像力と現実離れしたものへの好み**が見られます。この『幻

ベルリオーズ

想交響曲』はハリエットとの失恋話が描かれていますが、実際は数年後に2人は再会して結婚します。

女性の心をわしづかみにしたリスト

フランツ・リスト（1811〜86年）の若い時の肖像画をご覧になったことがあるでしょうか。この顔でピアノを奏でられたら、それは女性の心を一突きのはずで、**実際非常にモテていた**ようです。

もちろん素晴らしかったのはルックスだけでなく、**指が6本あったのではないかと言われるほどのピアノ弾き**で、どんな楽譜でも（事前の練習なく楽譜を見ただけの）初見で弾けたといいます。唯一ショパンの「12の練習曲作品10」を初見で弾きこなすことができなかったものの、数週間後に全曲を弾きこなし、ショパンを驚嘆させたと言われています[※10]。

女性に大変モテていたリストはピアニストとして飛び回っていました。作曲家としては、ベルリオーズの標題音楽に影響を受け、**物語を管弦楽で表現する「交響詩」というジャンルを創出**しました。交響曲のように厳格な形式に縛られるのではなく、自由に物語を描き、管弦楽のバリエーション豊かな音色を活かして色づけしていきます。交響詩の代表作は『レ・プレリュード』『オルフェウス』『プ

リスト

※10 浦久俊彦『フランツ・リストはなぜ女たちを失神させたのか』新潮社、2013年

ロメテウス』『マゼッパ』『ハムレット』『フン族の戦い』などです。

リスト以降も、フランク、リヒャルト・シュトラウス、シベリウス、ラフマニノフらが交響詩を作曲しています。

人間の精神や霊感まで管弦楽で表現しようと、和音は複雑になり、金管楽器や打楽器の数と種類が増えていきました。近現代の作品が、オーケストラの標準的な2管編成から3管、4管、5管編成へ増大していったのはそのためでしょう。

小説家としても活躍したワーグナー

ベルリオーズの「固定楽想」は、のちに**リヒャルト・ワーグナー**（1813～83年）がオペラ（楽劇）の登場人物を表す際に用いる旋律や和音である**ライトモチーフ（示導動機）**に影響を与えています。

じつは、ワーグナーはパリで不遇をかこっていた1839～40年に小説『ベートーヴェン巡礼』を書いていて、日本でも出版されています。※11 表題作にはベートーヴェンが登場し、ワーグナー自身の音楽観を語らせています。

また、ワーグナーはリストの娘・コジマと、親娘ほどの年齢差があるうえ既婚者同士ながら恋におち、子供をもうけて、後に結婚しました。コジマの元夫で指

ワーグナー

※11 ベートーヴェン『ベエトオヴェンまいり他三篇』高木卓訳、岩波書店、1957年

揮者のハンス・フォン・ビューローはこれを機にワーグナーとたもとを分かち、ブラームス派にまわって敵対することになったという説もありました。

興味深いエピソードの多いワーグナーについては、後で再び触れましょう。

役人から音楽家に転身したチャイコフスキー

もうひとり、時代はもっと下るのですが、「この人の音楽からクラシック音楽にはまった」という人も多い、**ピョートル・チャイコフスキー**（1840～93年）も紹介しておきましょう。

父親はロシアの製鉄所所長、母親は貴族女学校を卒業した教養人という家庭で育ちました。ロシア知識人の典型的な教育に則り、4歳からフランス人の家庭教師について、フランス語、ドイツ語などを学んだそうです。そして音楽に興味を示した彼のために、両親は音楽家庭教師を雇ってピアノを学ばせました。

ロシアは13～15世紀はモンゴル帝国の政治的支配下にありましたが、1480年にモスクワ大公国として独立。1613年にロマノフ家による王制が始まり、ロシア帝国が拡大します。ロマノフ朝は、1917年のロシア革命まで続きました。17世紀の終わりにピョートル大帝（在位1682～1725年）が現れ、積極的な西欧化政策をとります。首都サンクト・ペテルブルクを建設し、「西欧への

チャイコフスキー

窓」とします。西欧化政策とは、「進歩した西欧社会の制度を導入する政策」と考えていいでしょう。日本も後に明治維新によって、服装から音楽、議会制度まで、欧化政策を導入しましたが、同じです。

チャイコフスキーは**法律学校を卒業後、いったん役人になりますが、音楽の道をあきらめきれなかった**ようです。1862年に誕生したペテルブルク音楽院でアントン・ルビンシテイン（1829〜94年）に作曲を師事します。ルビンシテインは西欧各国で活動していた音楽家で、ドイツではメンデルスゾーンと親しかったようです。

12年間にわたりチャイコフスキーが教鞭を執ったモスクワ音楽院は、1940年にチャイコフスキーの生誕100周年を記念して「チャイコフスキー記念国立モスクワ音楽院」と改名されました。この音楽院は世界トップクラスで、世界中から才能溢れる学生が集まっています。

またチャイコフスキーの名が冠された「チャイコフスキー国際コンクール」は、エリザベート王妃国際音楽コンクール、ショパン国際ピアノコンクールなどと並ぶ世界最高峰のコンクールで、ピアノ、ヴァイオリン、チェロ、声楽部門において数多くの著名な音楽家を輩出しています。

2 ウィーン体制と民族自決運動：民族主義音楽

さて、フランス革命（1789〜99年）後、周辺の王制諸国による干渉戦争（妨害戦争）が始まります。ヨーロッパの王族や貴族は、フランス革命の影響を排除しなければ自分たちが危機に陥ります。防衛の色合いが濃かったのが、初期のナポレオン戦争でした。ナポレオンの進軍によって、**18世紀後半から欧州の市民の間で広がっていた共和主義（反王制議会主義）と自由主義が、帝国の支配下にあった諸国の民族主義を刺激**しました。

ボン時代からフランス革命を精神的支えとしていた青年共和主義者ベートーヴェンは、ナポレオンが皇帝に即位するという話を聞くと、ナポレオンに献呈する予定だった交響曲第3番の楽譜の表紙から、ナポレオンへの献辞をペンでぬりつぶし、「ある英雄の思い出のために」と書き込んだというエピソードが有名です。しかし、真相はわかりません。『シンフォニア・エロイカ』と書かれていたので、「交響曲第3番」は『英雄』と題されることになりました。

ナポレオン

1814年にナポレオンが敗れ、追放されるとヨーロッパの王制諸国の代表がウィーンに集まり、戦後体制を決める会議が始まります。これが**ウィーン会議**です。[※12] ハプスブルク家が支配するオーストリアの首相メッテルニヒや、フランス革命以前の王政復古を至上とするフランス外相タレーランらによって引き戻された反動的なウィーン体制は、1848年まで続きます。

そして、その1848年。王政復古や帝国の圧制に対する民衆の反発が欧州各地で破裂し、「**諸国民の春**」と呼ばれます。

フランスでは国王ルイ・フィリップによる七月王政を覆す**2月革命**が起きます。この革命によってフランスは第2共和制に移行しますが、このニュースはプロイセンの首都ベルリンに届き、翌3月、学生の蜂起によって**3月革命**が起きました。国王は憲法の制定を認め、出版の自由も保証するなど、革命勢力に妥協しますが、王制はそのままでした。同じ3月、ハプスブルクの帝都ウィーンでも3月革命が起きます。帝国陸軍に鎮圧されますが、ウィーンは一連の自由化政策を推進することになります。

こうした運動のさなか、人々が自身のアイデンティティを投影し、心の支えとしたのが民族主義の音楽です。なかでも東欧や北欧、ロシア諸国出身の民族主義

ウィーン会議

※12 本書の冒頭にあるカラー地図は当時の状況を示している。

的な作曲家を**国民楽派**と呼びます。

ハプスブルクに支配されていたイタリアのロンバルディアやヴェネツィアでも民族蜂起が起き、作曲家ヴェルディの民族自決への希求に火をつけます。詳しくは後述しますが、ヴェルディはイタリア統一運動にも関わり、彼の政治思想は、オペラ『ナブッコ』『シチリア島の夕べの祈り』などに反映されています。

同じようにハプスブルク支配下のハンガリーでも民族運動が起きます。英雄ラヨシュ・コシュートが指導するマジャール人の蜂起があり、この事件は後に若き**ベーラ・バルトーク**（1881〜1945年）に交響詩『コシュート』（1903年）を作曲させることになります。

バルトーク

革命に参加したワーグナーとスメタナ

ワーグナーは1848年革命の時、ザクセンの首都ドレスデンの宮廷歌劇場管弦楽団（シュターツカペレ）の指揮者でした。1849年に国王がプロイセン軍の支援を受けて議会を解散すると同時に民衆蜂起が起きます。これを**ドレスデン蜂起**といいますが、ワーグナーはこの革命運動に参加します。鎮圧されると指名手配されておたずね者となりますが、官憲の追及をかわし、リストを頼ってスイスへ亡命します。

この時期にゲルマン神話への傾倒を深め、のちの楽劇『ニーベルングの指環』の着想を得たとされます。

作曲家スメタナも、3月革命に参加した人物です。スメタナの動静を、少し詳しく追ってみましょう。

ベドルジフ・スメタナ（1824～84年）がボヘミア東部の小都市で生まれたのは、モーツァルト没後33年目のことでした。後にスメタナは、日記に「ピアノではリストのように、作曲ではモーツァルトのように」と決意を示しています。父親はボヘミア人の醸造技術者でしたが、ハプスブルク帝国の公用語だったドイツ語で子どもを教育したため、スメタナもドイツ語で育っています。チェコ語を本格的に学んだのは、ずっと後になってからだそうです。スメタナはヴァイオリンをたしなんだ父の影響でヴァイオリンを習い、その後にピアノを習い始め、6歳ですでにピアニストとしての才能を期待されていました。

15歳の時にリストのピアノ演奏に接して感銘を受け、音楽の道に進もうとプラハで家庭教師をしながら学びます。1848年、フランス2月革命（第2共和制）が伝播して、欧州各地で革命運動が起きます。それはすでに産業革命が進み、工業化で労働者が激増し、市民階層の経済力がついたからでもありました。スメタ

スメタナ

ナと同世代のマルクスは、この年に『共産党宣言』を出版します。スメタナは、**プラハの革命に干渉したオーストリア帝国軍とのバリケード市街戦に参加**し、革命を鼓舞する『国民軍行進曲』を書いています。

結局、欧州各地の革命は鎮圧され、ハプスブルク帝国も延命しますが、結果としてオーストリアの力は弱くなり、チェコの民族運動が盛んになります。

スメタナは数年間のスウェーデン滞在を経て、再び民族運動の波が高まった1861年にプラハに戻ります。プラハはモーツァルトのオペラ『ドン・ジョヴァンニ』を初演した街で、もともとオペラへの関心が高く、市民たちは長年自分たちの劇場を建てることを望んでいました。民族運動の成果として国民劇場開設が決まり、完成までの仮劇場（1862〜81年）で公演を開始しました。スメタナはこの頃、自分のチェコ語を完全なものにするよう勉強に励んでいます。1866年に国民劇場首席指揮者に就任した際、仮劇場でオペラ『売られた花嫁』を初演。その後、劇場に所属している楽団のレベルを上げるために力を尽くします。ようやく81年に劇場ができ上がった際に上演されたオペラは、チェコ建国神話を題材にしたオペラ『リブシェ』ですが、その時スメタナはすでに聴力を完全に失っていて、自身は聴くことができませんでした。

スメタナと言えば、『モルダウ』を思い浮かべる方も多いでしょう。チェコの伝説や自然、独立への願いを描いた6曲の連作交響詩として作曲した『わが祖国』は、チェコ国民音楽の代表的作品です。スメタナは1874年に完全に聴覚を失いますが、そのような状況下で、この作品は生まれました。スメタナの作品のほとんどが標題音楽です。愛国者スメタナにとって、**音楽は民族固有の伝統や文化を広めるための手段**でもありました。[※13]

現在でも、スメタナはチェコ音楽の祖として皆に愛され尊敬されています。

こうした**中部ヨーロッパの市民革命に続く民族運動の潮流はロシアにも波及**し、「**ロシア5人組**」（バラキレフ、キュイ、ボロディン、ムソルグスキー、リムスキー＝コルサコフ）の結成を生みました。やがてチャイコフスキーに至るロシア的な音楽が次々に誕生していきました。

※13　後藤真理子『1冊でわかるクラシック音楽ガイド』成美堂出版、2004年

3 富が生んだ一大スペクタクル：オペラの全盛

モンテヴェルディの『オルフェオ』以来、イタリア、フランス、ドイツ、オー

ストリア、ロシアで膨大なオペラが生まれました。ベートーヴェンの『フィデリオ』、モーツァルトの『フィガロの結婚』『ドン・ジョヴァンニ』『魔笛』、ロッシーニ『セビリアの理髪師』といった古典的な名作をはじめ、19世紀後半以降のワーグナー、ヴェルディ、リヒャルト・シュトラウス、プッチーニの大規模なオペラは、21世紀でも世界各地で上演されています。日本でも新国立劇場などで名作が上演されています。

演劇、管弦楽、声楽、美術、照明と、**多くの芸術を総合したオペラは、西洋音楽のひとつの頂点**にあります。有名な作品については、**物語も音楽もある程度知っていることが、国際的な教養人の証し**となるでしょう。

ここでは特にワーグナー、ヴェルディ、プッチーニの3人について紹介します。

ストーリー性を重視したワーグナーの楽劇

ワーグナーについては、**舞台祝祭劇『ニーベルングの指環』**だけを聴いておけばよいと言っていいぐらいです。たった1作とは言うものの、実はとてつもない規模の作品なのです。

『ニーベルングの指環』は、ワーグナーが1848年から26年もかけて、台本も音楽も全部ひとりで仕上げた世界でいちばん長大なオペラです。全部通すと、16

時間はかかるでしょう。一度にすべてを上演するのではなく、序夜と3夜、つまり4日に分けて上演されます。曲名は次の通り。

序夜　『ラインの黄金』
第1日　『ワルキューレ』
第2日　『ジークフリート』
第3日　『神々の黄昏』

それぞれ平均4時間はかかりますが、複雑な物語から眼を離せません。

ワーグナーは1843年にドレスデン宮廷歌劇場指揮者に就任します。そして5年後の1848年に作曲家として『ローエングリン』を完成させ、『ニーベルングの指環』の草稿を書き始めています。

1849年にドレスデンで起きた革命に参加して警察に追われ、スイスへ亡命したことは前述しました。その後、1862年に追放を完全に解除されるまで、亡命先のチューリッヒや旅先で『ニーベルングの指環』の構想を書いていました。

1853年に序夜と3夜すべての台本が完成し、印刷に回します。作曲は『ラインの黄金』『ワルキューレ』と順に進みましたが、1857年に『ジークフリート』の途中で、いったん中断しました。新作をしばらく発表していなかったので、ここで新作オペラを発表しようと完成させたのが『トリスタンとイゾルデ』でした。

しかし、遊びも豪快だったワーグナーの資金は、底をつきます。困窮していた1864年、ワーグナーの熱狂的なマニアだったバイエルン国王ルートヴィヒ2世（1845～86年）がワーグナーをバイエルンの首都ミュンヘンに招待し、5月4日に会いました。バイエルン王はなんと、『ニーベルングの指環』の完成をバイエルン王国の事業とします。ワーグナーは一挙に、生活も仕事も救われることになりました。

1868年、『ニーベルングの指環』の合間に作曲した『ニュルンベルクのマイスタージンガー』をバイエルン宮廷歌劇場で初演し、大評判となります。なにしろ、「ドイツは偉大だ」と30分以上の大合唱が続くのですから、ドイツ人にはたいへん心地よいでしょう。ここまで来ると、ドイツ圏を代表する作曲家となっていました。

1871年に、プロイセン王国が主導するドイツ帝国が成立します。史上初めてのドイツ統一国家ですが、バイエルンは王国のままドイツ帝国の傘下に入ることになりました。

そして1874年11月21日、『ニーベルングの指環』全曲が完成します。全4

ワーグナーの主なオペラと楽劇

『恋愛禁制』	1836年　初演
『リエンツィ』	1842年　初演
『さまよえるオランダ人』	1843年　初演
『タンホイザー』	1845年　初演
『ローエングリン』	1850年　初演
『トリスタンとイゾルデ』	1865年　初演
『ニュルンベルクのマイスタージンガー』	1868年　初演
『ニーベルングの指環』	1876年　初演（4部作同時上演での初演）
『パルジファル』	1882年　初演

部作の初演は1876年8月13日から始まりました。会場はワーグナーが自身専用のホールとして建てた**バイロイト祝祭劇場**です。それから140年以上、現在も8月に開催されるバイロイト音楽祭で上演され続けています（5年連続で1年休みのパターン）。全曲の上演はたいへんな事業ですが、日本における初演は1987年、ベルリン・ドイツ・オペラの来日公演でした。

壮大な物語と大音響が魅力の**ワーグナー作品の演奏会には、男性ファンが多い**のも特徴です。

ワーグナーの主なオペラと楽劇は上表の作品です。

ワーグナー創始した楽劇（ムジークドラマ）とオペラとの違いを、聴き手が意識する必要

バイロイト祝祭劇場（1876年『ラインの黄金』初演時）

はないと私は思います。ただあえて言えば、音楽偏重ぎみだった従来のオペラより楽劇のほうが劇のストーリー性に重きを置いている、と言えるでしょう。

ヴェルディの作品はイタリア統一とともに

イタリア人の作曲家**ジュゼッペ・ヴェルディ**（1813～1901年）は奇しくもワーグナーと同い年です。ナポレオン軍に占領されていた、パルマ公国の小村に生まれました。幼少時から音楽の才能に恵まれ、周囲から推されてパルマ国内の音楽学校に進みます。その後、ミラノの音楽家のもとで作曲や指揮を学び、故郷に戻りますが、再びミラノへ出てオペラの第1作を書きます。それが『オベルト』という作品で、スカラ座で1839年に上演されました。これがデビュー作です。

その後、1841年の『ナブッコ』で熱狂的な成功をおさめます。第3幕に登場する合唱曲「行け、わが思いよ、黄金の翼に乗って」はアンコールを要求され、その後、現在も世界中の公演でこの曲はアンコールされることが慣例となっています。イタリア人にとっては第2の国歌のような音楽です。ヴェルディが亡くなった時、ミラノ市内には市民約30万人が集まり「行け、わが思いよ、黄金の翼に乗って」を歌いながら歩いたそうです。

ヴェルディ

ヴェルディの主な作品

『ナブッコ（ナブコドノゾール）』	1842年　初演
『マクベス』	1847年　初稿での初演
『ルイザ・ミラー』	1849年　初演
『リゴレット』	1851年　初演
『イル・トロヴァトーレ』	1853年　初演
『椿姫（ラ・トラヴィアータ）』	1853年　初演
『シチリア島の夕べの祈り』	1855年　初演
『仮面舞踏会』	1859年　初演
『運命の力』	1869年　改訂版での初演
『アイーダ』	1871年　初演
『オテロ』	1887年　初演
『ファルスタッフ』	1893年　初演

ヴェルディは全部で28本の壮大なオペラを世に送り出しました。この間、彼は近代イタリア建国の歴史を歩み、1861年のイタリア統一を目撃しました。ヴェルディの音楽は非常にダイナミックで、雄渾なサウンドでドラマを支えます。歌手はこの大音量の管弦楽を突き抜ける強靭な声を要求されます。これはワーグナーも同様です。

ヴェルディの主な作品は、上表のとおりです。

同い年なので当然ですが、ワーグナーとヴェルディは、ほぼ同じ時期に主要作品を上演しています。ただしお金の使い方は対照的で、ヴェルディが現在も残る老人ホーム「音楽の憩いの家」（今もミラノにあります！）を建てるなど世の中のためにお金を使い莫大な遺産を遺したのに対し、ワーグナーは自分の劇場をつくるなど音楽のために使い切ってしまいました。

プッチーニ本人に激賞された日本人歌手がいた！

ジャコモ・プッチーニ（１８５８〜１９２４年）は、ワーグナーやヴェルディとは一世代離れています。21世紀の今日、世界のオペラハウスでプッチーニは、ヴェルディ以上に主力の作品として大きな役割を担っています。

プッチーニは、18世紀初頭から続く教会楽長の家系に生まれました。トスカーナ地方の都市ルッカの教会音楽を担ってきた一族です。5歳で父親を亡くしているため、幼時は母方の伯父やルッカの音楽家からピアノや音楽理論の手ほどきを受けたのだそうです。母方も当地の音楽家の家系でした。

この時期、ヴェルディはオペラ界に君臨し、ワーグナーはドイツで超大作『ニーベルングの指輪』を準備していました。１８７１年にエジプトで初演されたヴェルディの『アイーダ』は翌年からイタリア各地でも上演されています。ルッカの音楽学校で学んでいたプッチーニは、１８７６年にピサで『アイーダ』を見て、オ

プッチーニの主なオペラ作品

『マノン・レスコー』	1893年　初演
『ラ・ボエーム』	1896年　初演
『トスカ』	1900年　初演
『蝶々夫人』	1904年　初演
『外套』	1918年　初演
『ジャンニ・スキッキ』	1918年　初演
『トゥーランドット』	1926年　初演

ペラ作家を目指すことにしたと伝えられています。

プッチーニの主な作品は上表の通りです。

特に『マノン・レスコー』『ラ・ボエーム』『トスカ』『蝶々夫人』『トゥーランドット』は涙なしには見られない名作として知られています。ぜひ数々のアリアを、一度は聴いていただきたいと思います。一般に男性的と評されるヴェルディ作品に対し、プッチーニのそれは女性的と言われ、薄幸な女性を描く甘美な旋律に多くのファンが魅了されています。


プッチーニは、1924年に急逝するまで活躍していました。まだ亡くなってから100年も経っていません。実は日本人のソプラノ歌手が気に入り、実際に会っています（写真）。そのソプラノは**三浦環**（1884〜1946年）、プッチーニよりもさらに一世代若い音楽家でした。

プッチーニと三浦環（1920年）

三浦環は東京音楽学校に学び、開業して間もない帝国劇場でオペラに出演していました。しかし1914年5月20日、学生結婚していた医学者、三浦政太郎とともに留学のため、神戸からドイツへ旅立ちました。

環はドイツで有名な教育者のリリー・レーマン（1848〜1929年）に師事するつもりでしたが、第1次世界大戦が勃発します。

三浦夫妻は、戦争を避けて8月にロンドンへ移ります。指揮者ヘンリー・ウッド（1869〜1944年）のオーディションで歌い、なんと合格して国王・王妃臨席の演奏会に出演します。これを見たロシア人興行師から声をかけられ、1915年5月31日から8回、ロンドンで『蝶々夫人』のタイトルロールを歌うことになりました。

この公演は大成功でした。蝶々夫人は「15歳の日本人少女」ですから、役柄どおり、日本の「少女」がイタリア語で歌い、演じたわけです。環は32歳でしたが、小柄なので少女に見えたことでしょう。

1915年夏にアメリカのボストン・オペラ・カンパニーと契約、1917年春にはシカゴ・オペラ・カンパニーと契約します。契約内容は1年間で100回、出演料1回1000ドルだったそうです。すでに欧米をまたにかけたソプラノの大スターです。自伝[※14]によると、「アメリカ中の都会二百何十ヵ所で『お蝶夫人』

※14 三浦環『お蝶夫人』吉本明光編、右文社、1947年

をうたうことになりました」とあるので、100回どころではなく、ほかの団体にも出演したと思われます。

夫の政太郎もいっしょに渡米し、イェール大学に在籍しました。欧米のどの研究機関も政太郎を受け入れているのは、彼が優秀な科学者だったからです。現在も、緑茶にビタミンCを発見したことで知られています。

アメリカ各地で公演を続けていた1920年初頭、イタリア人プロデューサー、ルサルディと契約し、イタリアへ渡ります。政太郎もイェール大学を辞めて同行しました。ルサルディはそもそもプッチーニによる『蝶々夫人』のオペラ化を実現したプロデューサーなのです。契約は1年間で100回でした。

ローマに着いたのは3月で、1回目の公演がローマ歌劇場で始まりました。この時、プッチーニ本人が来場し、環の『蝶々夫人』を見たのです。翌日、プッチーニから電報が送られてきました。

「昨夜、テアトロ・コンスタンチでオッチモ（最上の）バタフライを拝見することができて、大変嬉しかった。就いてはぜひ近いうちに拙宅へお招きしたいから来てください。バタフライを作曲した家でお話をしましょう[※15]」。

翌4月に環はプッチーニ邸を訪問し、1泊して歓待され、その写真も残ってい

※15 三浦環『歌劇お蝶夫人』音楽世界社、1937年

ます。ルサルディの契約も数カ国を巡演するものだったようで、イタリアだけでなくヨーロッパ各地、エジプト、南米まで楽旅に臨みました。

１００年前にこれだけ世界中を演奏旅行し、プッチーニのオペラの主役を歌っていた日本人歌手がいたとは驚くほかはありません。

第5章

近代化と伝統のせめぎ合い

「後期ロマン派」、「印象派」、その先へ

1 ウィーン黄金期の最後の輝き：「交響曲」の最終段階

世界の知が集結したウィーン大学で学んだマーラー

グスタフ・マーラー（1860〜1911年）はウィーンを象徴する作曲家であり、ウィーン宮廷歌劇場監督として多くのオペラを上演したことで知られます。マーラーは、ボヘミア出身でモラヴィア育ちですからチェコ人[※1]と言えます。しかし、幼い頃からドイツ語を話していたのでドイツ人ともいえます。そして、家系はユダヤ人ですが、途中でカトリックへ改宗していますから、どちらともいえません。彼は、オーストリアにもドイツにもユダヤにもアイデンティティを求められず「**三重の孤独を生きた**」と言われています。

ナポレオン戦争後、中世の封建社会から近代国家へ移り変わっていく中、オーストリア帝国は1848年の市民革命を鎮圧することによって乗り切り、旧体制

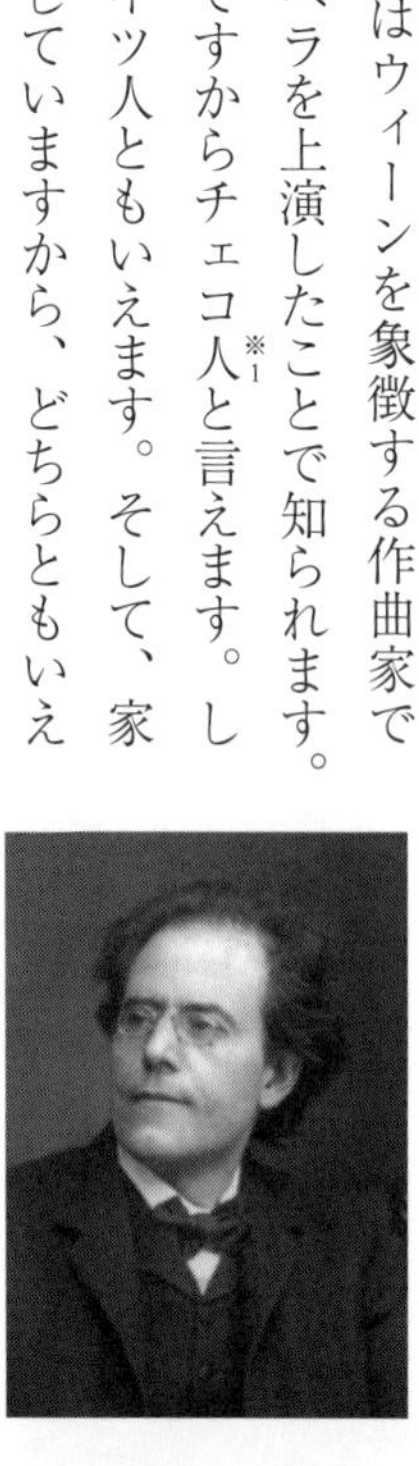

マーラー

※1　チェコは1918年まで、オーストリア帝国の領地。

を温存しました。しかし、皇帝は改革を余儀なくされ、農民解放、帝国内諸国の関税共通化、領域内の営業の自由などを認めます。こうして資本主義市場経済が拡大し、飛躍的な経済成長を遂げ、**帝都ウィーンは経済・文化の中心都市**として栄えていきます。

1860年代にはウィーンをかつてオスマン帝国から守っていた城壁が撤去され、跡地はリングシュトラーセ（環状道路）として開放されて周辺の土地も民間へ払い下げられます。**リングシュトラーセ沿いには宮廷歌劇場やウィーン大学、ウィーン美術史美術館など、歴史的な意匠をまとった華やかな公共建築が立ち並び、帝国内の諸国から様々な才能が集結**しました。

1860年頃から1910年頃まで、ウィーン大学には世界に冠たる頭脳が集まります。マーラーもそのひとりです。マーラーは1875年にウィーン音楽院に入学すると、77年に大学入学資格を得て、ウィーン大学哲学部にも籍を置き、人文科学を履修しています。哲学部で教えていたブルックナーの講義も聞いていたようです。

同時期には**ジークムント・フロイト**（1856～1939年）がマーラーと同じモラヴィアからウィーンへ上京し、やがて医学部に入学しています。

マーラーやフロイトが在学していた頃、法学部の経済学教授**カール・メンガー**（1840～1921年）は限界効用理論を打ち立てて、近代経済学の限界革命を

フロイト

メンガー

起こすひとりとなっています。当時のウィーン大学は「新機軸」「新発見」を次々に送り出すイノベーションの大学でした。**ウィーン全体がイノベーションによって競争に打ち勝とうとする頭脳が集積する都市だった**ともいえます。

マーラーは音楽院を卒業すると、帝国内の歌劇場の監督や指揮者として契約し、作曲も続けます。その後、スロベニアのライバッハ（現リュブリャナ）市立歌劇場、そしてモラヴィアのオロモウツ歌劇場、ハンガリーのブダペスト王立歌劇場、ドイツのハンブルク市立劇場などを経て、ついに37歳だった1897年、ウィーン宮廷歌劇場監督へ就任します。

マーラーは1907年まで10年間、ウィーン宮廷歌劇場で膨大なオペラを指揮しました。この年、ニューヨークのメトロポリタン歌劇場と契約し、年末に赴任します。1909年には、ニューヨーク・フィルハーモニック首席指揮者に就任します。1910年には膨大な演奏会を指揮しますが、1911年、溶連菌感染による心内膜炎で5月18日にウィーンで死去しました。50歳でした。

やがて、栄華を誇ったウィーン文化も、第1次大戦でハプスブルク帝国が崩壊し、共和制を経て、1930年代のナチスによるドイツとの併合で最終的に消え去りました。

ウィーン宮廷歌劇場こけら落とし（1869年）

Column

「第9の呪い」という都市伝説とマーラーの不運

かつて、ベートーヴェンは、わずか9曲の交響曲を遺して天に召されました。あまりにも偉大な作曲家と偉大な作品によって、〝9〟という数字は、後の作曲家にのしかかり、ときに「超えられない壁」になったという都市伝説がありました。

この『9』にまつわる、様々なエピソードが残されていますが、有名なのはマーラーの交響曲第9番にまつわる話です。

マーラーが完成させた最後の「交響曲第9番」の作曲は、1909年夏、オフシーズンに過ごす南チロル地方のアルト・シュルーダーバッハにある作曲小屋で進められました。夏季休暇後はニューヨークに持ち帰り、スコアは翌1910年4月1日に完成しています。オーストリアとアメリカを往復して作曲が続きました。

マーラー最後の５年間

1907年47歳

- ◆７月12日　長女マリア、感染症で病死（享年４歳）
- ◆10月 ５日　ウィーン宮廷歌劇場音楽監督を年末に辞任と発表
- ◆12月20日　ニューヨークへ（翌年メトロポリタン歌劇場着任）

1908年48歳

- ◆１月 １日　メトロポリタン歌劇場「トリスタンとイゾルデ」で指揮者デビュー
- ◆夏季休暇　アルト・シュルーダーバッハの家を借り、交響曲「大地の歌」を作曲

1909年49歳

- ◆夏季休暇　アルト・シュルーダーバッハで「交響曲第９番」を作曲
- ◆11月 ４日　ニューヨーク・フィル首席指揮者として初演奏

1910年50歳

- ◆４月 １日　ニューヨークで「交響曲第９番」のスコア完成
- ◆７月 ３日　交響曲第10番に着手

1911年51歳

- ◆２月24日　発熱などの症状で寝込む。心内膜炎
- ◆４月 ８日　ウィーンへの帰路につく
- ◆５月18日　ウィーン郊外の病院で死去（享年50歳）

作曲前後の様子を時間順に追ってみましょう。わずか5年間の出来事です。

「交響曲第9番」の前に、独唱付きの交響曲『大地の歌』を作曲しており、これが本来の第9番になるはずでした。ところが、『大地の歌』の翌年には新しい交響曲を書き始め、半年で完成させます。この曲は『大地の歌』のような具象性はなく、純然たる交響曲作品でしたので第9番としました。マーラーはすぐに「交響曲第10番」の作曲を始めています。しかし、第9番の初演前、第10番作曲の途中で、突然病死してしまい、マーラーの最後の作品も「第9」となってしまいました。

マーラーの交響曲について、日本を代表する指揮者の尾高忠明さんは言います。「マーラーはウィーン宮廷歌劇場での激務の合間を縫ってあれだけの曲を書いていたわけです。どの交響曲も非常に多種多様ですが、9番は特に、指揮者がコントロールするというよりは大きなオーケストラがお互いを聴いて室内楽をやるような形になっている。そして終楽章は、明らかに天上の音楽、死を描いています」と。[※2]

マーラー「交響曲第9番」の最後の音は、CDでは聴き取れません。あれは、この世で最後に吐く静かな息の音のようです。演奏会会場では毎回、最後の音の響き（息）が完全に消えるまで拍手はありません。「交響曲第9番」の最後の音が奏でられた後は、少し間があり会場から拍手が沸きあがるのです。

※2　2015年5月22日（金）東京フィルハーモニー交響楽団7月定期演奏会プログラムより

ここで、他の作曲家が生涯に何曲ぐらい作曲したのか、見てみましょう。

生涯で交響曲を何作くらい創作したか？

シューベルト（1797～1828）……8曲
十数曲は手がけているものの、有名な『未完成交響曲』以外にも
未完成品が多く、完成作品は7曲。

ブルックナー（1824～96）……9曲
ナンバーをつけた9曲のほかに、番号なしの交響曲ヘ短調と
交響曲第0番ニ短調があるため、本当は11曲。第9番は第4楽章が未完。
偶然、ナンバリングした交響曲は『第九』で終わった。

ブラームス（1833～97）……4曲
21年もかかった第1番に比べると、第2番は4か月、
第3番もわずか5か月で完成。第4番は足掛け2年かかっている。

チャイコフスキー（1840～93）……6曲
番号つきが6曲、マンフレッド交響曲を入れれば7曲。

ドヴォルザーク（1841～1904）……9曲
第1番は20代で書いているので、
生涯に9曲はベートーヴェンとまったく同じ。

マーラー（1860～1911）……9曲
『大地の歌』を含めると10曲、第3楽章の途中まで
マーラー自身の総譜が残されている第10番を含めれば11曲。

シベリウス（1865～1957）……7曲
合唱付管弦楽曲の『クレルヴォ』を含めると8曲。
シベリウスは第8番を書き終えていたようですが、1945年に破棄しています。

ヴォーン・ウィリアムズ（1872～1958）……9曲
イギリスでは珍しい近現代の交響曲作家。長命だったが9曲まで。

プロコフィエフ（1891～1953）……7曲
ロシア革命後にアメリカへ亡命したが、1936年に旧ソ連へ帰国。
番号が振られたのは7曲ですが、番号のないものを入れると10曲。

ショスタコーヴィチ（1906～75）……15曲
9曲をはるかに越えて、15曲を残した旧ソ連の作曲家。

ショスタコーヴィチはなぜ15曲も創れたのか

旧ソ連時代の作曲家ショスタコーヴィチは、「第9」を大きく越えて15曲もの交響曲を作曲しています。体制批判を許さず自由な創作を制限したソ連共産党とのシーソーゲームがおそらく原動力となって、次々に作品を書いていったのだと思います。順に追ってみましょう。

ロシア革命の直後は、芸術でも革命的で前衛的な傾向が奨励されました。**「ロシア・アバンギャルド」**と呼ばれます。19歳のモスクワ音楽院の学生ショスタコーヴィチの「交響曲第1番」も、当時は最先端の音楽です。モダニズム感覚にあふれ、この普遍的で現代的な感覚を政府も歓迎しました。

スターリンはすでに1925年、「形式においては民族的、内容においては社会主義的」という芸術に対する有名な方法論を述べていますが、この**「社会主義リアリズム」**を共産党主導で徹底していきます。

ショスタコーヴィチの「交響曲第2番『10月革命に捧げる』」と「交響曲第3番『メーデー』」のテーマは十分に革命運動的ですが、音楽自体は先鋭なモダニズムです。この表面的なスローガンと音楽の内容には、明らかに乖

ショスタコーヴィチ
Deutsche Fotothek

スターリン

離が現れ始めていました。

　1932年になると、ソ連共産党中央委員会はすべての作家を組織化します。8月にソ連作家同盟が発足し、共産党が芸術の全領域を指導できることになりました。ここから、共産党のショスタコーヴィチに対する批判が始まります。1936年1月、オペラ『ムツェンスク郡のマクベス夫人』に対して共産党機関紙『プラウダ』は長文の「音楽にあらざるナンセンス」との批評を掲載、2月にはバレエ『明るい小川』も批判されます。

　ショスタコーヴィチは後にアメリカに移住した音楽学者ソロモン・ヴォルコフ（1944年〜）による聞き書き集『ショスタコーヴィチの証言』[※3]で、「私の交響曲は（弾圧された友人たちの）墓碑である」とまで語っていました。

　今度は、ショスタコーヴィチが共産党に逆襲する日が訪れます。1937年11月21日の「10月革命20周年記念日」に合わせて、現在でももっとも有名な「交響曲第5番ニ短調」がレニングラードで初演された時のことです。革命的で英雄的な作風だと共産党も絶賛しました。理由は簡単です。親しみやすさ、情感、力強さによって、これこそ「社会主義リアリズム」だとショスタコーヴィチ自身が宣言しているような曲なのです。

※3　ソロモン・ヴォルコフ編『ショスタコーヴィチの証言』水野忠夫訳、中央公論新社、1986年（単行本は1980年）

ショスタコーヴィチ自身は、こうした共産党とのシーソーゲームにウンザリしていたのか、それともあの苦虫を嚙み潰したような表情に隠されたユーモア精神なのか、「交響曲第9番」では聴衆のもつ〝第9〟への期待のウラをかきます。重厚さとはほど遠い軽い曲で、共産党中央委員会のジダーノフによって批判されます。

ショスタコーヴィチはその後、間を空けて「第10番」、「第11番『1905年』」、「第12番『1917年』」と作曲しますが、「第11番」と「第12番」は題名にあるように革命を描写した壮大な標題交響曲ですから、「わかりやすさ」で当局の追及をやりすごします。やりすごすどころか、1958年には「交響曲第11番」に対して、科学や芸術などの分野で突出した個人に贈られるレーニン賞を受賞しました。

一転、フルシチョフ政権期に作曲されたバス独唱、バス合唱と管弦楽による交響曲第13番『バービイ・ヤール』は非常に深刻な音楽です。曲中で歌われるエフトゥシェンコの詩はソ連の反ユダヤ主義への批判、つまりは体制批判だったのです。

人生最後の「交響曲第15番」は、「第9番」のような軽さがあります。第1楽章では突如、ロッシーニの『ウィリアム・テル』序曲の断片が出てきたり、第4楽章ではワーグナーの楽劇からいくつか、ハイドンの交響曲から1箇所など、たくさんの要素が引用されパロディも楽しめる作品になっています。

2 パリ万博とジャポニスム：「印象派」の登場

詩人マラルメのサロンとドビュッシー

2018年は、フランスの作曲家**クロード・ドビュッシー**（1862～1918年）の没後100年に当たります。

ドビュッシーが代表作、管弦楽曲『牧神の午後への前奏曲』（1892～94年）を書いたのは20世紀が始まる直前でした。19世紀末のパリといえば、マネとモネに代表される絵画の印象主義の勃興があります。印象主義とは、1874年にモネにルノアール、ピサロ、シスレー、セザンヌ、ドガを加えた画家たちの展覧会に対して画家のルイ・ルロワが新聞に「印象派」と書いたことに由来します。

モネが出品した「印象、日の出」は、大気・水流・波動・環境という、その時代までは絵画になるほどの対象ではなかったものが、「見える化」された作品です。

また、代表作「睡蓮」の群生を浮かべる水の質感も、20世紀が「物質の世紀」と

ドビュッシー

して開花する予兆だったのかもしれません。

19世紀末のパリのサロンと言えば、有名なのが**「マラルメの火曜日」**です。フランス象徴派を代表する詩人**ステファーヌ・マラルメ**（1842〜98年）が自宅で開いていたこの会には、ドビュッシーをはじめ、画家のマネ、モネ、ドガやゴーギャン、詩人のヴェルレーヌ、ヴァレリー、プルーストら、錚々《そうそう》たる芸術家が集まっていました。

マラルメ。「マラルメの火曜日」が開催された自宅にて。

なんて豊かな面々でしょう。芸術のジャンルの垣根を越え切磋琢磨し、豊潤な文化が花開いていきました。

ドビュッシー作の管弦楽曲『牧神の午後への前奏曲』は、マラルメの詩「牧神の午後」を題材にしています。これが、**音楽における「印象派」誕生**と言っていいでしょう。

真夏の午後。

牧神（パン）が幻視する森のニンフたちとの淫らな白昼夢の光景。

暑気に揺らぐ大気。

ドビュッシーによって霞むような音楽の空気が、斬新な和声を駆使しつつ展開されます。まさしく「20世紀音楽」の扉を開く先駆的作品となりました。

ドビュッシーは、新たな手法で楽譜の上に音を描いていきます。

マラルメは、スケッチ段階の『牧神の午後』を聴くためにドビュッシーの家を訪ね、演奏を聴いた後、次のようにドビュッシーに喜びを伝えます。

「こうしたものは思いもよらなかった！　この音楽は、私の詩から情緒を延べひろげ、それに色彩よりも熱烈に背景を置く※4」。

※4 【連載】ドビュッシー最後の1年【2】（ふらんす2017年5月号／青柳いづみこオフィシャルウェブサイトより）

浮世絵師・北斎が与えたインスピレーション

また、ドビュッシーの有名な「交響詩『海』」の楽譜の表紙には、葛飾北斎の浮世絵「冨嶽三十六景」の「神奈川沖浪裏」(絵53)が使われています。1878年のパリ万国博覧会でヨーロッパに紹介された日本文化は、当時の人々に驚きをもって迎えられ、フランスを中心とした美術工芸と音楽の新しい潮流「ジャポニスム」を生み出しました。**ドビュッシーもジャポニスムに熱狂し、大きな影響を受けた音楽家の一人**として知られています。

ドビュッシー「海」の表紙(1905年)

ここに1枚の写真があります。作曲家ストラヴィンスキーとドビュッシーのツーショットです。これはドビュッシーの自宅で撮影されました。

実は2人の後ろに飾ってあるのは、北斎の浮世絵です。私たちがドビュッシーを聴くと、どこかしっくりくるのは、音楽的にも**東洋の5音音階を使って音の絵を描いているから**で

ドビュッシーとストラヴィンスキーの写真

はないしょうか。そして、ドビュッシーは20世紀が「速度の世紀」であることを確実に予感していて、物体の運動そのものを聴覚化しています（ピアノ曲映像第1集より『運動（Movement）』）。

3 伝統様式の破壊？：現代音楽へ

「現代音楽の始祖」シェーンベルクと12音技法

19世紀から20世紀への転換点にウィーンに現れた**アルノルト・シェーンベルク**（1874〜1951年）は、現代音楽の始祖と呼ばれます。

1900年代初頭、**第Ⅰ次大戦を目前として、ロマン主義が最後の光を放ち、各地で多くの芸術運動**が起こっていました。ウィーンでは画家クリムト（1862〜1918年）が「ウィーン分離派」を立ち上げたり、パリでは印象派の画家が人気を得ていたほか、ドビュッシーやラヴェルが新たな作品を発表したりしていました。

シェーンベルク

シェーンベルクも20代中盤までは、それまで300年以上続いてきた、長調・短調と和音が織りなすルールにしたがって作曲していました。これらを「**調性音楽**」といいます。**シェーンベルクは大管弦楽の効果を狙った、ワーグナーやシュトラウスの方向性を受け継いでいた**と言われます。ただし、この調性音楽の下でできることは20世紀初頭までに開拓し尽くされ、作曲家たちはその限界を乗り越えるべく、伝統的な方法に頼らずに作曲する方法を模索し始めました。

シェーンベルクをはじめとする「**新ウィーン楽派**」は、その先導役となり、やがて「無調音楽」と呼ばれる作品群を生み出します。その代表作がシェーンベルクの「弦楽四重奏第2番　作品10」です。シェーンベルクはマーラーとも親交が厚く、マーラーが「交響曲第6番」で新たな手法を用いたのは、シェーンベルクによる影響と言われています。

シェーンベルクはその後も、無調音楽でもシステマティックに作曲する方法を探し求めていきます。そして、1923年に「5つのピアノ曲　作品23」という作品でついに「**12音技法**」を完成させました。「ある音を1回使ったら、残りの11個の音がすべて登場するまで、その音を再び使わない」という規則をもつ作曲方法です。この手法は、ピエール・ブーレーズ（1925～2016年）やカールハインツ・シュトックハウゼン（1928～2007年）といった現代音楽の

クリムト

クリムト『接吻』

旗手といわれる作曲家に影響を与えました。

斬新すぎた？　ストラヴィンスキーのバレエ音楽

1913年5月29日、時代が動きます。

パリのシャンゼリゼ劇場内は騒然となりました。

20世紀を代表する指揮者レナード・バーンスタイン（1918〜90年）が〝西洋音楽の最後の偉大なる父〟と評する作曲家**イーゴリ・ストラヴィンスキー**（1882〜1971年）のバレエ音楽『春の祭典』が初演を迎え、異次元の新たな音楽の扉を開いたのです。

ストラヴィンスキーは、興行師ディアギレフが率いる「ロシア・バレエ団」のお抱え作曲家でした。そのロシアという異国趣味にパリの聴衆は魅了されます。バレエ『火の鳥』（1910年初演）、『ペトルーシュカ』（1911年初演）と成功が続き、『春の祭典』で次なる成功を狙うはずでした。

しかし、バレエが始まって数分後に、劇場の聴衆はそれまでおそらく聴いたこともない奇抜なリズムに度肝を抜かれることになります。客席では、野次が飛び

ストラヴィンスキー

Mikhail Ozerskiy / Михаил Озерский

交い、観客同士が言い争いになるといった混乱の中、ダンサーたちは踊り続けます。というのも、『春の祭典』におけるバレエの題材は、古代ロシアの春に、豊饒を願って「処女のいけにえ」を大地に捧げるという物騒な筋書きです。

曲冒頭のファゴットの神秘的な旋律に対して嘲笑が起こり、客席にいたサン＝サーンスなどは席を立ってしまいます。ストラヴィンスキーは、舞台袖で振付師のニジンスキーをつかまえていなければなりませんでした。彼は止まない観客の罵声に対して怒り狂っていたからです。

この歴史的な日を再現した、英国BBC制作のドラマ[※5]を見つけました。『春の祭典』初演に至るまでの経緯、そして初演の模様が描かれています。

ぜひご覧になってみてください。ストラヴィンスキーがフランスの新聞（「モンジョワ」紙）に書いた「『春の祭典』で表現したかったもの」は、「蘇生する自然の崇高な、宇宙的な樹液の全体的なパニック状態の上昇[※6]」でした。このBBCドラマを通じて、それを感じることができます。

この曲は1913年という年代にしては、いささか過剰なほど斬新でした。「ロシアの春は突然、パチパチと火が弾けるように開始される」と、ストラヴィンスキーは自伝で生まれ故郷の「春」を回想[※7]していますが、この曲にもそのイメ

※5 Riot at the Rite (2005), BBC

※6 『作曲家別名曲解説ライブラリー25 ストラヴィンスキー』音楽之友社、1995年

※7 『ストラヴィンスキイ自伝』大田黒元雄訳、第一書房、1936年

ージが投影されていたのでしょうか。

第1次世界大戦とロシア革命前夜、19世紀末から続いた比較的温和で波風の立たなかった欧州ベル・エポック（美しき時期）の時代に、『春の祭典』は図らずも終幕を告げたのでした。

宗教、鳥の声、ワールドミュージックで独自の世界を築いたメシアン

『春の祭典』のエネルギーに満ちた爆発するような音響運動の中に、精緻な数理的なリズム構造の秩序を発見したのは、フランスの作曲家**オリヴィエ・メシアン**（1908～92年）でしょう。ブーレーズ、武満徹（1930～96年）ら、後進に及ぼした影響は非常に大きなものでした。メシアンの作風を知るには、なんといっても10楽章にのぼる、80分の交響曲『トゥーランガリラ交響曲』（1946～48年．1990～92年改訂）を聴くべきでしょう。

この有名な『トゥーランガリラ交響曲』に登場する電子楽器〝オンド・マルトノ〟はフランスで生まれました。今、オンド・マルトノ奏者として世界トップクラスの原田節さんは、直接作曲家メシアンに教えを受けたひとり。そして、もっとも多くこの交響曲の舞台に立っている音楽家ではないでしょうか。

メシアン

1986年東京カテドラルにてメシアンと原田節さん

メシアンについて、貴重なお話を伺いました。

「僕が知己を得た1970年代後半には、すでにフランスのみならず20世紀を代表する作曲家のひとりだったにも関わらず、本当に謙虚で、好奇心旺盛に若い人たちの意見や考えに耳を傾けていらっしゃいました。彼の教えをうけた次世代の作曲家たちが、メシアンとは異なる語法やスタイルをつくり上げていったのも、自分のコピーができてしまうことをよしとしなかったメシアンの度量の広さゆえでしょう。メシアンはコンセルヴァトワールで作曲ではなく楽曲分析のクラスを受け持っていたことは知られていますが、『トゥーランガリラ交響曲』も本編のスコアより分厚い本人による分析書が、死後出版されました。僕はこの曲が当時まさに黄金期を迎えた映画のモンタージュ（編集）の技法を見るような作り方になっていると感じます」。

熱心なカトリック信者でもあったメシアン。世界的な指揮者チョン・ミョンフンは、あるインタビューでメシアンについて次のように語っています。

「その技術的な複雑さと難解さはすべて、ひとつのゴールをもっています。つまり、もっとも重要なメッセージを心から表現すること＝それは、愛と忠誠と信仰です。メシアンは、そのスコアに『大きな喜びをもって』という言葉を用いる私の知る唯一の作曲家です」。ぜひ、メシアンの代表作『トゥーランガリラ交響曲』を聴いてください。

お薦めは、グラモフォンから1990年10月にパリのバスティーユ歌劇場で録音された、マエストロ・チョン指揮のCDです。なぜならメシアンがこのCDを聴いた後、こんな言葉を残しているのです。

「チョン・ミョンフン指揮の『トゥーランガリラ交響曲』の2度の上演と録音を聴いた時の私の感動はいかようであったか！　私の全要求に完全に応えている。これこそ良いテンポ、良いダイナミックス、真の感情そして真の喜びである。あらゆる観点から見て非常に素晴らしく、おそらく今後は基準のヴァージョンとみなされるであろう」。

終章

日本における
西洋音楽と
オーケストラの発展

さて、ここまで西洋を中心にクラシック音楽の歴史を振り返ってきましたが、日本には、いつ、どのようなかたちで伝わってきたのでしょうか。
私たちは小学校の音楽の授業で「ドレミ」を習いますし、小さい頃にピアノを習っていたという方も少なくないでしょう。それほど、クラシック音楽は身近な存在です。

しかし、実のところ、**日本にクラシック音楽が入ってきたのは、わずか150年ほど前**です。ドレミファソラシの7音音階は、明治時代の初期にようやく日本に入ってきたのです！

時代が明治に変わり開国されると、クラシック音楽が日本に入り、政府の肝いり政策により、一気に西洋音楽が普及していきました。西洋に追いつけ追い越せの時代、**西洋文化をいち早く取り入れ国民に浸透させ、欧米列強国の仲間入りを果たすため**の教育がなされたためでした。明治政府は、文部官僚の若き教育家、**伊沢修二**（1851〜1917年）をアメリカに派遣してアメリカの教師養成課程（師範学科）を調査させます。[※1] その伊沢の提言によって1879年（明治12年）に設置されたのが、音楽教育の研究機関である文部省「音楽取調掛」[※2]です。ここを起点として、政府主導で西洋音楽の調査・研究、教科書編纂、音楽家・音楽教

伊沢修二

※1 馬場健「明治初期における音楽教育の展望〜伊沢修二と音楽取調掛を中心に」慶応義塾大学哲学第53条（https://ci.nii.ac.jp/els/contents110007408899.pdf?id=ART0009259948）

※2 1887年に東京音楽学校（現東京藝術大学音楽学部）に発展。

師養成が始まりました。

まず**課題となったのは、どうやって7音音階を国民に覚えさせるか**、という点です。「ドレミファソラシ」というイタリア式表記を日本人にも覚えやすいように当初「ヒフミヨイムナ（＝一二三四五六七）」と呼ぶ「ヒフミ（一二三）唱法」が採用されました。しかし、それでももともと民謡や端唄で使われる5音音階「ドレミソラ」（ドレミで言うところの四番目ファ（ヨ）と七番目シ（ナ）がない。「ヨナ抜き音階」と呼ばれる）を聞いて育った日本人にとって、7音音階には相当違和感があり、定着に時間がかかりました。五線譜だってもちろん知りません。5線譜に並ぶ7音音階をどう覚えさせるかは、西洋音楽の普及に向けた最初の大きな壁でした。

音楽取調掛の長に就いた伊沢は、留学時代の恩師、ルーサー・メーソン（1818〜96年）をボストンから招き、協力を仰ぎました。そこで、7音音階以外にも「ヨナ抜き音階」に近い欧米の民謡やオリジナル曲のメロディに日本語の歌詞をつけた『小学唱歌集』を小学校の音楽の授業で歌わせることにしました。『蛍の光』（原曲スコットランド）や『仰げば尊し』（原曲アメリカ）など、唱歌集の大半は西洋で生まれたメロディに日本語訳をつけたものでした。

ヨナ抜き長音階

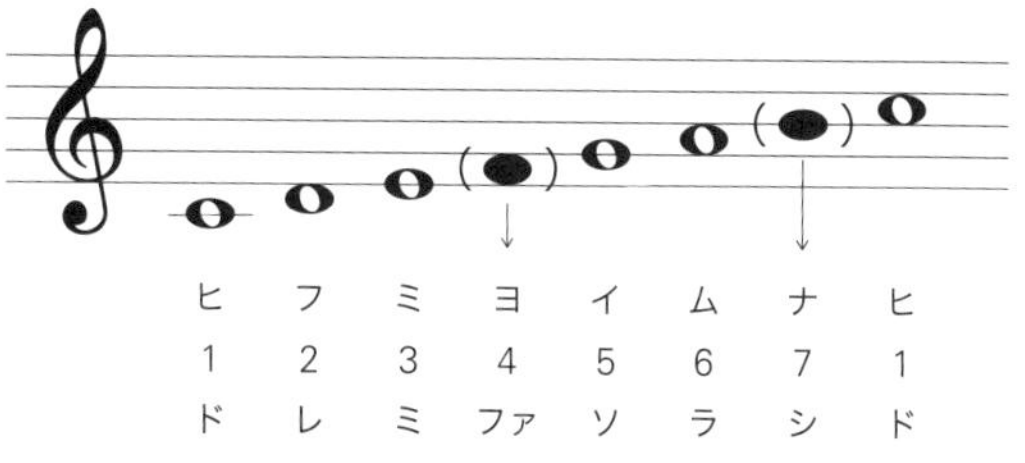

映画にもなって大ヒットした壺井栄の小説『二十四の瞳』では、学校の先生と子供たちがヒフミヨイムとドレミの音階を覚える授業風景が描かれています。この小説は昭和初期を描いていますが、そこでもドレミの授業が行われていたのです。伊沢は、唱歌集の目的を次のように書いています。「徳性ヲ涵養スルヲ以テ要トスヘシ」。音楽は善き心を育てるもの、と。まるで古代ギリシア時代、「善き音楽は善き人間をつくる」と哲学者が説き、音楽が学問として取り入れられたのと同じように、日本においても音楽が義務教育として取り入れられたのです。

ところが、いつの時代もそうであったように、音楽はその時代を取り巻く環境に大きく左右され、政治にも利用されます。1890年の教育勅語発令後は、国粋主義の台頭で「忠君愛国」が唱えられるようになり、邦楽の再評価や欧化主義に疑問を唱える声が強まっていきました。ちょうど開校したばかりだった東京音楽学校(現・東京藝術大学)には廃止論まで飛び出し、一時高等師範学校に移管されて付属学校に格下げされる憂き目をみます。[※3]

しかし熱意ある教育者たちは西洋音楽を強力に支持し、西洋音楽を続けるための意義づけが新たに必要と考えました。そこで、**音楽教育は愛国心を育てるものとして、西洋音楽を使って愛国主義を浸透させていきます**。

※3　1899年に伊沢らを中心に再び独立。20世紀以降は滝廉太郎や山田耕筰らを輩出している。

たとえば、『軍艦マーチ（行進曲）』は、鳥山啓の「軍艦」という詩に曲をつけた軍歌でしたが、これに日露戦争の直前だった1900年になって瀬戸口藤吉が新たに曲をつけたもので、海軍省の儀礼などをはじめよく演奏されていました。往時の人気を踏まえてか、私が小学校の頃でさえ、街を歩いているとパチンコ屋から軍艦マーチが流れていました。

第二次大戦後、唱歌のなかには、GHQ（連合国軍最高司令官総司令部）が歌詞削除を命じた曲もあります。その一例が『我は海の子』（1910年）で、国防思想や軍艦が登場するという理由で7番の歌詞は削除されました。その歌詞は「いで大船を乗出して　我は拾わん海の富　いで軍艦に乗組みて　我は護らん海の国」というものです。[※4] GHQの削除命令が出るほど、音楽の力が強い洗脳力を持っていると考えられていたことがわかります。

童謡の広がりとドレミの定着

明治維新の直後、西洋音楽は上流階級のたしなみとされ、鹿鳴館でヨハン・シュトラウス2世（1825～99年）のワルツに合わせて舞踏会が頻繁に開かれていました。その頃、西洋音楽はまだまだ日本では雲の上のものでした。その後、大正デモクラシーが起こり、クラシック音楽を取り巻く環境が変わってきます。

GHQ最高司令官マッカーサーと昭和天皇

※4　明治～大正期における音楽と時代の関連性から考察する近年の音楽　file:///C:/Users/a.matsuda/AppData/Local/Packages/Microsoft.MicrosoftEdge_8wekyb3d8bbwe/TempState/Downloads/013_177_182%20（2）.pdf参照

鹿鳴館

浅草オペラなど庶民が楽しめるオペラが誕生し、またレコードやラジオの登場がクラシック音楽の普及に繋がっていきました。**唱歌のような文語調の難解な歌詞でなく、話し言葉の歌詞をつけた童謡も大正時代に一大ブーム**を起こします。

1918年、**鈴木三重吉**（1882〜1936年・前ページ写真）が創刊した童話と童謡の月刊誌『赤い鳥』には、**西條八十**《やそ》（1892〜1970年）や、**北原白秋**（1885〜1942年）などの詩が多く掲載されました。また、西條作の『かなりや』には、東京音楽学校出身の成田為三（1893〜1945年）が作曲して1919年5月号に楽譜を掲載すると評判になり、楽譜も売れてヒット曲になりました。こうして、雑誌に詩と楽譜を掲載するスタイルが定着していったようです。作曲家としても、ほかに『証城寺の狸囃子』で知られる**中山晋平**

赤い鳥

北原白秋

中山晋平

（1887〜1952年）や、『赤とんぼ』で知られる**山田耕筰**（1886〜1965年）らが活躍しました。

私たちがもともとDNAとしてもっていた5音音階の曲を聴くと、どこか懐かしさを感じます。故郷に帰ったような気持ちになるので不思議です。「遠き山に日は落ちて」という歌詞がつけられている『新世界』第2楽章を聴くと、チェコ人であるドヴォルザーク作でも、なぜか私たちの心に染み入るのは5音音階でつくられた曲だからかもしれません。

以前、指揮者の大野和士さんのオペラのレクチャーに参加した際、ヴェルディの『椿姫』の第1幕で歌われる「花から花へ」は、故藤圭子さんのデビュー曲『新宿の女』で歌われる「バカだな、バカだな」というフレーズとそっくりだと仰るのを聴いて、本当だ、と妙に納得してしまったことがあります。

今日では、すっかりドレミは定着し、ドレミファソラシに何の違和感もありません。150年前、伊沢自身も留学中は7音音階の習得にかなり苦労したようですが、その後日本にドレミの文化をつくり上げるために唱歌集の作成に力を尽くし、明治の人たちはそれを一途に学んでいきました。そうした先人の試行錯誤と

尋常小学読本唱歌の教科書　1910年（明治43年）

努力の積み上げの上に、今の私たちがあります。

日本国民がドレミファソラシドを習得していくに従い、ドレミを使った演奏家もどんどん育っていきます。

オーケストラの発展

日本人が西洋の楽器を本格的に学ぶようになったのは、1869（明治2）年のことでした。イギリスより薩摩藩に軍楽隊の楽器一式（主に金管類）が届き、日本で最初に吹奏楽を始めたのは薩摩藩の軍楽隊です。薩摩は、軍楽伝習生30人余りを横浜に派遣し、イギリスの軍楽隊長ウイリアム・フェントンから西洋音楽を習います。これは、西洋音楽を日本人が本格的に習った始まりでした[※5]。

当初は楽譜も読めず、フェントンから厳しい指導を受け鍛えられたそうです。めきめき腕を上げていった薩摩の吹奏楽団は後に明治政府の所属となり、1872（明治5）年に陸軍と海軍にそれぞれ分けられ、正式に「軍楽隊」が発足します。1872年の品川－横浜間の鉄道開通式では、早くも演奏を行いました。西洋音楽は軍隊と共に広がっていきましたが、少しずつ吹奏楽に弦楽器が入るようになります。現在の「宮内省式部職楽部」が和楽器のほかに、先のフェン

※5　鹿児島市維新ふるさと館特別顧問福田賢治氏（http://www.meijiishin150countdown.com/topics/discovery/852/）

トンらからヴァイオリンなどの弦楽器の指導を受け、1881（明治14）年頃には、小編成ながらオーケストラの演奏ができるようになったようです。

「軍楽隊」の吹奏楽と「宮内省式部職」の弦楽器による混成のオーケストラができ、鹿鳴館で連日開かれる舞踏会でワルツなどを演奏したそうです。ここで初めて日本版「管弦楽（オーケストラ）」の音が日本に鳴り響きました。もちろん今のように大所帯ではありませんでしたが、立派な西洋式アンサンブルでした。当時を想像すると、着物から突然洋服に変わり、突然西洋の楽器を持たされて、しかしそれに順応していく明治の人たちの意気込みを感じます。

日本で初めて本格的なオーケストラを編成し指揮したのは、山田耕筰だったと言われています。1914年12月6日、帝国劇場で、交響曲「かちどきと平和」、交響詩「曼荼羅の華」が、東京フィルハーモニック・ソサエティ主催の管弦楽演奏会で初演された際で、同ソサエティのオーケストラは三菱合名会社の副社長だった岩崎小彌太による編成でした。岩崎は1916年に社長、つまり三菱の四代目総帥となりますが、ケンブリッジ大学留学時代に西洋音楽に触れ、帰国後はヴェルクマイスターにチェロを学んでいた音楽好きで、山田のドイツ留学も支援し[※6]たという縁がありました。

大編成の音楽はこの頃から少しずつ日本の社会に浸透していき、東京フィルハ

山田耕筰

※6　宮川隆泰『岩崎小彌太』中公新書、1996年

ーモニー交響楽団の前身である名古屋のいとう呉服店（現松坂屋）の少年音楽隊も、1911（明治44）年に誕生しています。東京日本橋の三越の少年音楽隊に次いで、全国で2番目にできた民間の吹奏楽団でした。少年音楽隊の目的は店の宣伝活動でしたが、名古屋市内の公園でも公開演奏会を開くなど、人々の注目を集めていきました。大正時代にはいとう管弦楽団へと発展し、活動の場も全国へ広げていきました。現存する日本最古のオーケストラです。

お店の宣伝をする少年音楽隊というのは、少し遡ると「チンドン屋」でしょうか。江戸末期、人通りの多いところを練り歩き、ピーヒャラドンドコドンとビラを撒き、商業的な宣伝をしていました。チンドン屋さんが、日本が開国され形を変えて少年音楽隊となり、そしてオーケストラとなっていった……。今では、日本でプロのオーケストラが都内だけでも9つ、全国には50近く活動しています。楽員には外国人もいて、世界に並ぶ技術力をもち、ハイレベルな演奏会が日々開催されています。毎年、どこかの楽団が海外公演をし、大変高い評価を受けています。

わが東京フィルのその後ももう少しお伝えしておくと、1925年に松坂屋少年音楽隊、1932年に名古屋交響楽団へ改称し、1938（昭和13）年に東京へ移り、中央交響楽団となりました。1941年に、東京交響楽団として独立し

いとう呉服店の少年音楽隊

第1回定期演奏会のポスター

ます。そして戦後、1945年に東京都フィルハーモニー管弦楽団となりますが、楽器・楽譜は焼失し、GHQの命令で解散してアーニーパイル劇場管弦楽団へ全員入団することになります。アーニーパイルとは、GHQが接収した東京宝塚劇場のことです。そして1948年、完全に自立した東京フィルハーモニー交響楽団へ改組し、第1回定期演奏会を開いたのです。2011年に100周年を迎えました。西洋音楽が日本に本格的に入り、まだ百数十年。血のにじむ努力をした先人たちのお陰で今があります。

今ではインターネットが普及し、世界中の人たちの音楽も聴くことができる時代になりました。これから、日本のオーケストラ、がどういう風に形を変えていくことになるのか。どのようにして、私たちは明治の人たちのように一途に新たな世界を築いていくのか。音楽家のあり方、マネジメントのあり方、すべてが次の時代を生み出そうとしている――そんな鼓動を感じながら今日もまた演奏会を迎えます。

おわりに

「聴き減りのしない音楽」――この言葉は、ドラゴンクエストシリーズの作曲家としても有名なすぎやまこういちさんが、クラシック音楽を表した言葉です。※1「ベートーヴェンやモーツァルトの音楽を全人類が200年以上聴いていてもまだ飽きないというのは、飽きない音楽の真髄」だと。

この言葉を目にした時、これだ！　と思いました。

「聴き減りのしない音楽」――それが〝クラシック音楽〟なのです。

私が初めてオーケストラを聴いたのは、小学5年生の時でした。新聞を開いたら、モスクワ放送交響楽団の華やかな全面広告が載っていたのです。ラジオやテレビを通してオーケストラの演奏は聴いていましたが、一度は生で聴いてみたいと思った私は、父に頼んで1枚だけチケットを買ってもらい、一人で神奈川県民ホールへ出かけました。初めてのオーケストラ演奏会に、私は心底驚き、ショックを受けました。

目の前で繰り広げられる世界は、別世界でした。

※1　映像と心の間　タイトル「音と映像」すぎやまこういちインタビュー

楽器の名前はヴァイオリンとフルートと……、当時はファゴットという楽器名も知りませんでした。それでも、100名近い音楽家が美しい楽器を持って圧巻の演奏を繰り広げていることに、ただただ感激していました。終わった後、放心状態になり席から立てなかったことを今でも覚えています。

これが私の最初の音楽体験ともいえるでしょう。それから私はオーケストラにハマっていくのですが、あの〝生〟で体感する音楽と、スピーカーを通して家で聴く音楽は、まったく違っていました。

これほどまでに人を感動させる「音楽の力」とは何なのだろうか、それを探しにいきたいと思い、私は大学で音楽学部に行く道を選びました。ピアニストになりたかったわけではなく、音楽の力の源を知りたかったのです。

五線譜に綴られている音符を立体化してお客さまに届けるには、ただ弾けるようになるだけでは不十分です。作曲された時代背景を勉強し、作曲家自身が影響を受けた作家の本を読むなど、様々な視点で楽譜と向き合うことが求められます。結果、音楽を通じて多くの作家、詩人、哲学者を知り、歴史を学ぶことができました。この間に学んだことは、社会人となり、一時音楽を離れてビジネスの世界に武者修行に飛び込んだ際も、大いに自分を助けてくれました。

私が日ごろ手掛けている演奏会の企画・運営も、この本を書くことも、すべての仕事は多くの人に支えられて成り立ちます。決して一人ではできません。人と人との繋がりにおいては、仕事相手に対する想像力がものすごく大事です。そうした想像力を養ったり、交渉の場における判断力を鍛えたり、究極に追い込まれた時に救ってくれるもの……それが数百年にわたって生き続けている音楽の中にある、と信じています。

私はこの本で、蘊蓄《うんちく》を語るつもりはなく、ただ、日々お客様と接するなかでよく尋ねられることを思い出しながら、まとめさせていただきました。音楽は世界共通の言葉なので、地球上のすべての人たちと音楽について語り合うことができます。ビジネスの世界でテーブルについた時も、きっと音楽の話が花を添え、新たなビジネスが生まれていくのではないでしょうか。

最後になりましたが、この場を借りて、本書をまとめるにあたりお世話になった皆さまに心よりお礼を申し上げます。膨大な知識をもち企画段階からサポートをくださった坪井賢一さん、リサーチをお手伝いくださった能本功生さん、まるで音楽辞典が脳に埋め込まれているかのように細かに、そして愛をもって原稿をサポートくださった鉢村優さん、東京フィルハーモニー交響楽団の仲間たち、皆さんがいなければこの1冊は誕生しませんでした。本当にお世話になりました。

この本を書くよう薦めて下さったのは、私が経営共創基盤（ＩＧＰＩ）に勤めていた頃、当時のボスであった冨山和彦さんの本を手がけられたダイヤモンド社の柴田むつみさんです。作曲家でもない私が1曲の交響曲を書くようなもので、右も左もわからない中、この本にも出てくる作曲家リュリがルイ14世主催の演奏会のために厳しく楽団を訓練したように、柴田さんも私がなんとか交響曲を書き上げられるよう指導してくださいました。ようやく五線譜に終始線を引くことができた今、柴田さんには「ありがとうございました」と心から感謝を込めてお伝えしたいと思います。

２０１８年8月吉日

松田亜有子

参考図書

序章

1

- フーゴー・ライヒテントリット著『音楽の歴史と思想』服部幸三訳、音楽之友社、1969年
- 久保田慶一ら『はじめての音楽史――古代ギリシアの音楽から日本の現代音楽まで』音楽之友社、2001年
- 森田学『音楽用語のイタリア語』三修社、2011年
- 山下尚一「音楽による人間と社会の形成―プラトンにおけるリズムの問題―」『駿河台大学 駿河台大学論叢』第51号、2015年
- 菅野恵理子『ハーバード大学は「音楽」で人を育てる――21世紀の教養を創るアメリカのリベラル・アーツ教育』アルテスパブリッシング、2015年
- 工藤千晶「プラトンの教育課程論における「音楽」の位置に関する研究―３つの音楽概念を中心として―」『広島大学　音楽文化教育学研究紀要』第28号、2016年
- 筒井はる香、福島睦美、三島郁著、椎名亮輔編著『音楽を考える人のための基本文献34』アルテスパブリッシング、2017年
- 椎名亮輔編著『音楽を考える人のための基本文献34』アルテスパブリッシング、2017年
- 藤村シシン『古代ギリシャのリアル』実業之日本社、2018年
- 岡田暁生『クラシック音楽とは何か』小学館、2018年
- 日本西洋古典学会HP参照「中務哲郎：西洋古典とクラシックス」(http://clsoc.jp/agora/essay/2012/120630.html　)

2

- 後藤真理子監修『一冊でわかるクラシック音楽ガイド』成美堂出版、2004年
- 大崎滋生『文化としてのシンフォニーⅠ　18世紀から19世紀中頃まで』平凡社、2005年
- 下道郁子監修『音楽が楽しくなる「クラシック鑑賞」事典 楽器や作曲家がよくわかる』PHP研究所、2007年
- 久保田慶一『西洋音楽史100エピソード』教育芸術社、2012年
- パウル・ベッカー『オーケストラの音楽史　大作曲家が追い求めた理想の音楽』松村哲哉訳、白水社、2015年

3（コラム）

- 下道郁子監修『音楽がたのしくなる「クラシック鑑賞」事典 楽器や作曲家がよくわかる』PHP研究所、2007年
- K.ファーガソン『ピュタゴラスの音楽』柴田裕之訳、白水社、2011年
- キティ・ファーガソン『ピュタゴラスの音楽』柴田裕之訳、白水社、2011年
- アタナシウス・キルヒャー『普遍音楽―調和と不調和の大いなる術』菊池賞訳、工作舎、2013年
- ハワード・グッドール『音楽史を変えた五つの発明』松村哲哉訳、白水社、2015年

- 小方厚『音律と音階の科学　ドレミ･･･はどのようにして生まれたか』講談社、2017年
- 小方厚『音律と音階の科学新装版』講談社、2018年

第1章

1

- フーゴー・ライヒテントリット『音楽の歴史と思想』服部幸三訳、音楽之友社、1959年
- 柴田南雄『西洋音楽の歴史』上、音楽之友社、1967年
- H. C.ロビンズ・ランドン『ベートーヴェン―偉大な創造の生涯―』深沢俊訳、属啓成監修、新時代社、1970年
- 金澤正剛『中世音楽の精神史 グレゴリオ聖歌からルネサンス音楽へ』講談社、1998年
- 後藤真理子監修『一冊でわかるクラシック音楽ガイド』成美堂出版、2004年
- パウル・ベッカー『西洋音楽史』河上徹太郎訳、河出文庫、2011年
- 久保田慶一『西洋音楽史100エピソード』教育芸術社、2012年
- アタナシウス・キルヒャー『普遍音楽―調和と不調和の大いなる術』菊池賞訳、工作舎、2013年
- ハワード・グッドール『音楽史を変えた五つの発明』松村哲哉訳、白水社、2015年
- 岡田暁生『西洋音楽史 クラシックの黄昏』中央公論新社、2015年
- 片桐功、吉川文、岸啓子『決定版はじめての音楽史』音楽之友社、2017年
- 木村凌二『興亡の世界史 地中海世界とローマ帝国』講談社、2017年
- 教会旋法に関しては洗足学園音楽大学オンライン・スクールを参照（https://www.senzoku-online.jp/index.html）

2

- 犬養道子『本　起源と役割をさぐる』岩波書店、2004年
- アレッサンドロ・マルツォ・マーニョ『そのとき、本が生まれた』清水由貴子訳、柏書房、2013年
- 星野博美『みんな彗星を見ていた　私的キリシタン探訪記』文藝春秋、2017年

3

- 筒井はる香、福島睦美、三島郁著、椎名亮輔編著『音楽を考える人のための基本文献34』アルテスパブリッシング、2017年

4

- 柴田南雄『西洋音楽の歴史』上、音楽之友社、1967年
- J. E.ガーディナー「≪オルフェーオ≫これにあり！」CD「オルフェオ」ライナーノート、アルヒーフ、1985年
- 皆川達夫、倉田喜弘監修『詳説総合音楽史年表』改訂版、音楽之友社、2004年
- 雪嶋宏一「学術出版の祖アルド・マヌーツィオ」「早稲田大学図書館紀要」第52号所

収、早稲田大学、2005年
- アレッサンドロ・マルツォ・マーニョ『そのとき、本が生まれた』清水由貴子訳、柏書房、2013年
- 片桐功、吉川文ほか『決定版はじめての音楽史』音楽之友社、2017年

5

- 皆川達夫『バロック音楽』講談社、1972年
- フィリップ・ボーサン『ヴェルサイユの詩学　―バロックとは何か―』藤井康生訳、平凡社、1986年
- 「リュリ」『ニューグローヴ世界音楽大事典　第19巻』講談社、1994年
- 「ルイ14世」上同
- ロラン・マニュエル『音楽のあゆみ――ベートーヴェンまで』音楽のたのしみII、吉田秀和訳、白水社、2013年

第2章

1

- 礒山雅『J・S・バッハ』講談社、1990年
- 後藤真理子監修『一冊でわかるクラシック音楽ガイド』成美堂出版、2004年
- 下道郁子監修『音楽がたのしくなる「クラシック鑑賞」事典 楽器や作曲家がよくわかる』PHP研究所、2007年
- 久保田慶一『西洋音楽史100エピソード』教育芸術社、2012年
- スティーブン・イッサーリス『続・もし作曲家と友だちになれたら…』板倉克子訳、音楽之友社、2015年
- 三ヶ尻正『ヘンデルが駆け抜けた時代―政治・外交・音楽ビジネス』春秋社、2018年

2

- 「テレマン」『ニューグローヴ世界音楽大事典　第11巻』講談社、1994年

3

- フーゴー・ライヒテントリット『音楽の歴史と思想』服部幸三監修、音楽之友社、1969年
- H. C.ロビンズ・ランドン『ベートーヴェン―偉大な創造の生涯―』深沢俊訳、属啓成監修、新時代社、1970年
- ベートーヴェン『ベートーヴェン 音楽ノート』小松雄一郎訳、岩波書店、1978年
- 木村尚三郎『成熟の時代 18世紀の西欧と現代』日本経済新聞社、1982年
- H. M.ミラー『新音楽史』村井範子、松前紀男、佐藤馨訳、東海大学出版会、1987年
- H. C.ロビンズ・ランドン『モーツァルト 音楽における天才の役割』石井宏訳、中央公論新社、1992年
- 平野昭『ベートーヴェン カラー版作曲家の生涯』新潮社、1992年

- メイナード・ソロモン『ベートーヴェン（上）』徳丸吉彦、勝村仁子訳、岩波書店、1992年
- メイナード・ソロモン『ベートーヴェン（下）』徳丸吉彦、勝村仁子訳、岩波書店、1993年
- H.C.ロビンズ・ランドン、海老澤敏監修『モーツァルト大事典』、平凡社、1996年
- 久保田慶一ら『はじめての音楽史——古代ギリシアの音楽から日本の現代音楽まで』音楽之友社、2001年
- 大町陽一郎『クラシック音楽を楽しもう！』角川書店、2004年
- 後藤真理子監修『一冊でわかるクラシック音楽ガイド』成美堂出版、2004年
- 大崎滋生『文化としてのシンフォニーI 18世紀から19世紀中頃まで』平凡社、2005年
- 小塩節『モーツァルトへの旅 音楽と人生に出会う』光文社、2006年
- パウル・ベッカー『西洋音楽史』河上徹太郎訳、河出書房新社、2011年
- パウル・ベッカー『オーケストラの音楽史 大作曲家が追い求めた理想の音楽』松村哲哉訳、白水社、2015年
- 岡田暁生『西洋音楽史 クラシックの黄昏』中央公論新社、2015年
- スティーブン・イッサーリス『続・もし作曲家と友だちになれたら…』板倉克子訳、音楽之友社、2015年
- スティーブン・イッサーリス『もし大作曲家と友だちになれたら 音楽タイムトラベル』板倉克子訳、音楽之友社、2016年
- 筒井はる香、福島睦美、三島郁著、椎名亮輔編著『音楽を考える人のための基本文献34』アルテスパブリッシング、2017年
- ウルリヒ・ミヒェルス『カラー 図解音楽事典』角倉一朗監修、白水社、1989年

第3章

1

- ベートーヴェン『ベートーヴェン 音楽ノート』小松雄一郎訳、岩波書店、1978年
- 平野昭『ベートーヴェン—カラー版作曲家の生涯—』新潮社、1992年
- メイナード・ソロモン『ベートーヴェン（上）』徳丸吉彦、勝村仁子訳、岩波書店、1992年
- メイナード・ソロモン『ベートーヴェン（下）』徳丸吉彦、勝村仁子訳、岩波書店、1993年
- パウル・ベッカー『オーケストラの音楽史 大作曲家が追い求めた理想の音楽』松村哲哉訳、白水社、2015年
- スティーブン・イッサーリス『もし大作曲家と友だちになれたら 音楽タイムトラベル』板倉克子訳、音楽之友社、2016年

2

- ベートーヴェン『ベートーヴェン 音楽ノート』小松雄一郎訳、岩波書店、1978年
- 久保田慶一『西洋音楽史100エピソード』教育芸術社、2012年
- 浦久俊彦『138億年の音楽史』講談社、2016年
- 岡田暁生『クラシック音楽とは何か』小学館、2018年

3

- T.S.アシュトン『産業革命』中川敬一郎訳、岩波書店、1973年
- 佐々木節夫「楽器の歴史－ピアノ」「音楽之友」別冊「音楽史ものしり事典」所収、音楽之友社、1988年
- 川勝平太『日本文明と近代西洋』NHKブックス、1991年
- 佐伯茂樹『カラー図解楽器の歴史』河出書房新社、2008年
- 長谷川貴彦『産業革命』山川出版社、2012年
- 坪井賢一『これならわかるよ！経済思想史』ダイヤモンド社、2015年

第4章

1

- 久納慶一『ベルリオーズ』音楽之友社、1967年
- 森田稔『チャイコフスキー』新潮文庫、1986年
- ナンシー・B・ライク『クララ・シューマン』高野茂訳、音楽之友社、1986年
- 森田稔『チャイコフスキー』新潮文庫、1986年
- フリードリヒ・シュレーゲル他『シュレーゲル兄弟』ドイツ・ロマン派全集第12巻、前川道介編、国書刊行会、1990年
- 前田昭雄『シューベルト　―カラー版作曲家の生涯―』新潮社、1993年
- チャールズ・オズボーン『シューベルトとウィーン』岡美知子訳、音楽之友社、1995年
- 後藤真理子監修『一冊でわかるクラシック音楽ガイド』成美堂出版、2004年
- 伊藤恵子『チャイコフスキー』音楽之友社、2005年
- 久保田慶一『西洋音楽史100エピソード』教育芸術社、2012年
- スティーブン・イッサーリス『もし大作曲家と友だちになれたら　音楽タイムトラベル』板倉克子訳、音楽之友社、2016年
- スティーブン・イッサーリス『続・もし作曲家と友だちになれたら…』板倉克子訳、音楽之友社、2015年

2

- 渡鏡子『スメタナ／ドヴォルジャーク』音楽之友社、1966年
- 「スメタナ」『ニューグローヴ世界音楽大事典　第9巻』講談社、1994年
- ルイス・B・ネイミア『1848年革命～ヨーロッパ・ナショナリズムの幕開け』都築忠七訳、平凡社、1998年
- アンソニー・アーブラスター『ビバ・リベルタ！オペラの中の政治』田中治男ほか訳、法政大学出版局、2001年

3

- 瀬戸内晴美『お蝶夫人』講談社文庫、1977年
- 三光長治『ワーグナー』新潮文庫、1990年
- 『ワーグナー著作集』三光長治ほか訳、第1巻、第3巻、第5巻、第三文明社、1990、

93、98年
- A・オーベルドルフェル、M・コナーティ『ヴェルディ書簡による自伝』松本康子訳、カワイ出版、2001年
- 永竹由幸『ヴェルディのオペラ』音楽之友社、2002年
- 南条年章『プッチーニ』音楽之友社、2004年

第5章

1

- 柴田南雄『西洋音楽史4　印象派以後』音楽之友社、1967年
- 柴田南雄『グスタフ・マーラー』岩波新書、1984年
- 村井翔『マーラー』音楽之友社、2004年

2

- 柴田南雄『西洋音楽史4　印象派以後』音楽之友社、1967年
- ピエール・ブーレーズ『ブーレーズ音楽論　徒弟の覚書』船山隆、笠羽映子訳、晶文社、1982年
- ドビュッシー『ドビュッシー音楽論集―反好事家八分音符氏―』平島正郎訳、岩波書店、1997年
- 青柳いづみこ『ドビュッシー 想念のエクトプラズム』中央公論新社、2008年

3

- 柴田南雄『西洋音楽史4　印象派以後』音楽之友社、1967年
- オリヴィエ・メシアン『音楽言語の技法』細野孝興訳、ヤマハミュージックメディア、2018年
- ピエール・ブーレーズ『ブーレーズ作曲家論選』笠羽映子訳、ちくま学芸文庫、2010年
- 『ストラヴィンスキー（作曲家別名曲解説ライブラリ）』音楽之友社、1998年）

終章

- 森佳子『クラシックと日本人』青弓社、2004年
- 石丸恭一発行『公益財団法人　東京フィルハーモニー交響楽団百年史』東京フィルハーモニー交響楽団、2018年

6
マーラー
交響曲第1番『巨人』

恋に落ちる第3楽章。
『さすらう若人の歌』第4曲「彼女の青い眼が」の旋律が使われ、
私たちを夢の世界へ誘ってくれます。

7
ドヴォルザーク
チェロ協奏曲

メロディメーカーであったドヴォルザークがチェロを使って書いた最高傑作。
名曲中の名曲。

8
チャイコフスキー
交響曲第6番『悲愴』

これぞオーケストラ! 大人気曲。

9
ショスタコーヴィチ
ヴァイオリン協奏曲

音楽を通してスターリン時代の重い空気とそれに抗う気を感じる曲。
しかし絶品。

10
コープランド
クラリネット協奏曲

クラリネットという楽器が切々と私たちの心に訴えてくる、
はじまりのメロディが印象的。

1

バッハ

ブランデンブルク協奏曲 第5番

とても元気になれる曲。チェンバロという楽器が大活躍。

2

モーツァルト

交響曲第41番『ジュピター』

新たな世界が待っている。希望が溢れている曲。

3

ベートーヴェン

交響曲第5番『運命』

自分の信じる道を突き進みなさい。と、背中を押してくれるような曲。

4

ブラームス

交響曲第2番

人気のブラームス。とても瑞々しく、喜びに満ち溢れた曲。

5

ベルリオーズ

幻想交響曲

アヘンを吸い狂わんばかりに愛する人を追う曲。
ティンパニが4台登場するなど、編成が大きく、とてもカッコイイ曲。

あまりクラシック音楽になじみがない方でも、
最初の1曲として
聴きやすいと思う曲を選んでみました。
本書で紹介している作曲家は、
素敵な曲をたくさん書いています。
きっと皆さんの気持ちに
そっと寄り添ってくれる音楽が見つかると思います。

クラシック音楽 入門者向け おすすめ曲 10選

「クララ・シューマン愛の協奏曲」

2008年ドイツ、フランス、ハンガリー　監督ヘルマ・サンダース＝ブラームス　主演マルティナ・ゲデック

女性音楽家の第一人者であったシューマンの妻クララと2人の才能溢れる作曲家が織り成す物語。シューマンとブラームスの美しい音楽がふんだんに使われています。1980年の「ドイツ・青ざめた母」で知られる女性監督サンダース＝ブラームスは、そのブラームスの叔父の末裔です。

「カルテット!人生のオペラハウス」

2012年イギリス　監督ダスティン・ホフマン　主演マギー・スミス

舞台はイギリスの声楽家のための老人ホーム。資金集めのためにコンサートを準備する老歌手たちのドタバタぶりを描いた喜劇。イギリスの本物のソプラノ歌手ギネス・ジョーンズも出演していて驚きました。原作のモデルはイタリアの「音楽家のための憩いの家」で、実在する施設です。ヴェルディが設立したもので、通称ヴェルディ・ハウスと呼ばれています。80年代の映画「トスカの接吻」でも取り上げられています。

「イヴ・サンローラン」

2014年フランス　監督ジャリル・レスペール　主演ピエール・ニネ

フランスの国宝とも言われた天才デザイナー、イヴ・サンローランの生涯を描いた映画。親交のあったマリア・カラスの歌声が流れます。曲はプッチーニの歌劇『トスカ』より「歌に生き愛に生き」。情熱的なカラスの歌声が映像にマッチしています。

「シーモアさんと、大人のための人生入門」

2014年アメリカ　監督イーサン・ホーク　主演シーモア・バーンスタイン

名教師でありピアニストのシーモア・バーンスタインのドキュメンタリー番組。監督は俳優イーサン・ホーク。ホークは役者としてゆきづまりを感じていた時にバーンスタインと会います。彼の奏でるピアノの音色と温かな言葉が生きる勇気を与えてくれます。

「ミラノ・スカラ座魅惑の神殿」

2015年イタリア　監督ルカ・ルチーニ　主演ダニエル・バレンボイムほか

舞台芸術の最高峰スカラ座の全貌に迫るドキュメンタリー映画。指揮者、演出家、歌手など、栄光のスカラ座を支えた人物が次々に登場します。

「落下の王国」

2006年インド、イギリス、アメリカ　監督ターセム・シン　主演リー・ペイス

舞台は1915年、無声映画撮影中の事故で半身不随となったスタントマンが語る架空のアドベンチャーを実写で描きます。ベートーヴェンの交響曲第７番第２楽章が効果的に使われています。

「敬愛なるベートーヴェン」

2006年アメリカ、ハンガリー　監督アニエスカ・ホランド　主演エド・ハリス

原題は「Copying Beethoven」。架空の女性写譜師を通して晩年に「第9」を作曲するベートーヴェンの姿を描きます。特筆すべきは主演エド・ハリスの指揮姿が見事なことでしょう。プロの指揮者なみの絶妙なタイミングで棒を振っています。

「ラフマニノフ ある愛の調べ」

2007年ロシア、ルクセンブルク　監督パーヴェル・ルンギン　主演エフゲニー・ツィガノフ

ラフマニノフの人生を３人の女性を通して描いています。ラフマニノフはロシア革命を逃れてデンマークへ、そして1918年にアメリカへ移住し、ピアニスト及び作曲家として活動を続けました。主要作品を知るには最適の映画です。

「シャネル&ストラヴィンスキー」

2009年フランス　監督ヤン・クーネン　主演アナ・ムグラリス、マッツ・ミケルセン

20世紀最大の傑作とも言われるバレエ音楽「春の祭典」を作曲したイゴール・ストラヴィンスキーとデザイナー、ココ・シャネルの物語。20世紀初頭のパリ、そしてシャンゼリゼ劇場で1913年に行われたバレエ・リュスの「春の祭典」初演の様子が描かれています。

「オーケストラ!」

2009年フランス　監督ラデュ・ミヘイレアニュ　主演アレクセイ・グシュコブ

パリの初公開時、「マイケル・ジャクソン THIS IS IT」を破ってオープニング動員No.1を記録した傑作です。チャイコフスキーのヴァイオリン協奏曲がラストシーンで使われています。音楽が人を繋ぎ、奇跡を生む。ユーモア溢れ、笑いと涙を誘う音楽映画で、ラストではきっとあなたも「ブラボー」と叫んでいるはずです。

「シャイン」

1996年オーストラリア　監督スコット・ヒックス　主演ジェフリー・ラッシュ

オーストラリアのピアニスト、デイヴィッド・ヘルフゴットの挫折と再生を描いた感動的な作品。ラフマニノフの「ピアノ協奏曲第３番」が圧巻です。ジェフリー・ラッシュは本作でアカデミー賞主演男優賞を受賞しました。

「アンナ・カレーニナ」

1997年アメリカ　監督バーナード・ローズ　主演ソフィー・マルソー

ソフィー・マルソーの迫真の演技で知られる作品。トルストイ原作のこの映画化はこれで7度目だそうです。最後のシーンでアンナが線路に飛び降りる時、チャイコフスキーの「ヴァイオリン協奏曲」が流れます。非常に印象的です。

「王は踊る」

2000年ベルギー、フランス、ドイツ　監督ジェラール・コルビオ　主演ブノワ・マジメル

バロック時代にルイ14世に仕えた当時最高峰の音楽家、ジャン＝バティスト・リュリの生涯を描いた映画。絢爛豪華なバロック時代の宮廷芸術が具体的に描かれています。リュリは、指揮棒の重い杖で自分の足を突いてしまい、その傷から感染して亡くなってしまいますが、映画は事故の場面から始まります。

「北京ヴァイオリン」

2003年中国　監督チェン・カイコー　主演タン・ユン

涙なくしては見ることのできない感動の名作。魂を揺さぶるヴァイオリンの音色。数々の名曲とともに、優しい人間愛やあたたかい父子愛が胸に迫ってきます。生きる尊さを感じる作品です。

「バルトの楽園」

2006年日本（東映）　監督出目昌伸　主演松平健

ベートーヴェン交響曲第9番の日本初演は徳島県板東町（現鳴門市）の板東俘虜収容所で、ドイツ兵捕虜による演奏で実現しました。この作品は第9日本初演の物語です。エンドロールには東京フィル前理事長で当時ソニー会長だった故大賀典雄指揮、東京フィルの演奏シーンが流れます。

「アマデウス」

1984年アメリカ　監督ミロス・フォアマン　主演F・マーリー・エイブラハム

モーツァルトを描いた大ヒット映画です。同時代の作曲家サリエリの目から見たモーツァルト像が描かれています。18世紀の華やかな宮廷や演奏会の様子を見ることができます。ピーター・シェーファーによる演劇を原作として実写化された作品で、大音量で流れるサウンドトラック（ネヴィル・マリナー指揮）が効果的でした。アカデミー賞8部門を受賞。

「不滅の恋／ベートーヴェン」

1994年イギリス、アメリカ　監督バーナード・ローズ　主演ゲイリー・オールドマン

「不滅の恋人へ」と題された遺書をめぐり、ベートーヴェンの秘書が該当者候補の女性たちをたずね歩き、謎を解いていく物語です。主演オールドマンは2018年に「ウィンストン・チャーチル」でアカデミー賞主演男優賞を受賞。本作ではピアノを自分で弾いています。ローズ監督は3年後に「アンナ・カレーニナ」を制作しました。

「カストラート」

1994年フランス、イタリア、ベルギー　監督ジェラール・コルビオ　主演ステファノ・ディオニジ

バロック時代のカストラート（去勢された男性歌手）ファリネッリの物語。監督のコルビオは「王は踊る」を本作の6年後に制作しています。コンピュータで合成されたカストラートの声ですが、カウンターテナーよりも高音の魔術的な歌唱に驚きます。

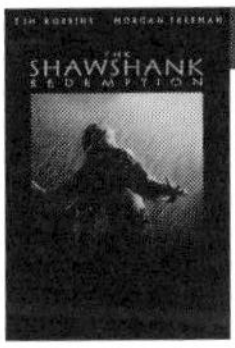

「ショーシャンクの空に」

1994年アメリカ　監督フランク・ダラボン　主演ティム・ロビンス

無実の罪で服役するアンディは、刑務所に寄贈図書と一緒に届いたレコードを見つけ、放送室を占拠して無断で刑務所中にモーツァルトの音楽を流します。「フィガロの結婚」の二重唱「そよ風に寄せる」が流れる場面がこの映画のハイライトです。

「ブラス!」

1996年イギリス　監督マーク・ハーマン　主演ユアン・マクレガー

サッチャー首相の新自由主義政策で国営炭鉱の民営化、合理化、廃止が進むなか、炭鉱のブラスバンド（金管バンド）の存廃とコンクール出場をめぐるドラマです。劇中演奏する「アランフェス協奏曲」のフリューゲルホルン版が有名になりました。

「2001年宇宙の旅」

1968年イギリス、アメリカ　監督スタンリー・キューブリック　主演キア・デュリア

キューブリックはクラシック音楽への造詣が深く、印象的な音楽の使い方で観客を刺激します。この作品でも、旋回する宇宙船で「美しく青きドナウ」（ヨハン・シュトラウス2世）、冒頭で「ツァラトゥストラはかく語りき」（リヒャルト・シュトラウス）、そして人類の進化でリゲティの「レクイエム」を流して驚かせます。抽象的な映画にクラシックがマッチしました。

「ベニスに死す」

1971年イタリア、フランス　監督ルキノ・ヴィスコンティ　主演ダーク・ボガード

トーマス・マンの小説を原作とするヴィスコンティの耽美的な映画。マーラーをモデルにした作曲家アッシェンバッハがベニスで美少年に出会ってからの悲劇を綴ります。「交響曲第5番」第4楽章アダージェットが全編に流れます。

「マーラー」

1974年イギリス　監督ケン・ラッセル　主演ロバート・パウエル

日本公開はかなり遅れて1987年でした。列車に乗ってウィーンへ帰る最晩年のマーラーと夫人アルマのやりとりが続きますが、突然マーラーの夢の中の過去と幻想に入り込みます。「ベニスに死す」の一場面も出てきてパロディも豊富。事実と幻想を交互に置く演出です。

「ラ・トラヴィアータ〜椿姫」

1982年イタリア　監督フランコ・ゼッフィレッリ　主演テレサ・ストラータス

1970年代から80年代にかけてオペラを映画化した作品が多く登場していますが、この「ラ・トラヴィアータ」はなかでも出色のできです。ゼッフィレッリの精緻な映像とプラシド・ドミンゴ（テノール）の歌唱も素晴らしいですが、なによりストラータスの美貌とはかない風情が絶品の作品。演奏はレヴァイン指揮メトロポリタン歌劇場管弦楽団。

「ワーグナー／偉大なる生涯」

1983年イギリス、ハンガリー、オーストリア　監督トニー・パーマー　主演リチャード・バートン

ワーグナー没後100年を記念して1983年に放映された長編テレビドラマです。日本でもNHKが放映しました。名優リチャード・バートンがワーグナーを演じます。欧州各地で撮影した映像が見事。DVD3枚組で現在も販売されています。今後、これほど大規模な撮影は不可能ではと思う豪華さです。

「オーケストラの少女」

1937年アメリカ　監督ヘンリー・コスター　主演ディアナ・ダービン

失業したトロンボーン奏者の娘が自力でオーケストラをつくり、スター指揮者ストコフスキーを担ぎ出すという物語。ストコフスキー本人とフィラデルフィア管弦楽団が出演しています。大恐慌時代につくられた映画です。

「カルメン故郷に帰る」

1951年日本（松竹）　監督木下恵介　主演高峰秀子

日本初のオールカラー映画。主人公が故郷に帰る時に流れるシューベルトの音楽が印象的です。主題歌「カルメン故郷に帰る」の歌唱は高峰秀子、作詞は木下忠司、作曲は黛敏郎でした。

「ウエスト・サイド物語」

1961年アメリカ　監督ロバート・ワイズ、ジェローム・ロビンズ　主演ナタリー・ウッド

シェイクスピアの悲劇「ロミオとジュリエット」を翻案したブロードウェイ・ミュージカルの映画化作品です。レナード・バーンスタインによる「トゥナイト」「アメリカ」「マリア」「クール」といった数々のヒット曲を生みました。また、バーンスタインはこれらのナンバーを管弦楽曲にまとめ、クラシックの作品「シンフォニック・ダンス」に仕立て直しています。

「サウンド・オブ・ミュージック」

1965年アメリカ　監督ロバート・ワイズ　主演ジュリー・アンドリュース

音楽映画史上、最大の傑作にして永遠の名作。世界共通言語として、この名作を知っていれば会話が弾むはず。ブロードウェイのリチャード・ロジャースとオスカー・ハマースタイン2世の作品として1959年に初演されたミュージカルを映画化したものです。設定は実話です。監督は「ウエスト・サイド物語」のロバート・ワイズです。

「アンナ・マグダレーナ・バッハの日記」

1967〜68年西ドイツ、イタリア　監督ジャン＝マリー・ストローブ、ダニエル・ユイレ
主演グスタフ・レオンハルト

バッハの再婚相手、アンナ夫人の目から見たバッハ像が描かれています。同名の書物はアンナの自著ではなく、後世の創作とされていますが、この映画は書物と直接の関係はありません。世界的なチェンバロ奏者レオンハルトがバッハを演じ、演奏しています。

クラシック音楽をいざ聴いてみようと思っても、
ハードルが高い……
そう感じる方は、映画から入ってみてはどうでしょう。
また、クラシック音楽好きで詳しい方も、
映画を観ると新しい魅力に
気づけるかもしれません。
ここにおすすめの30作を簡単にご紹介します。

クラシック音楽が観て楽しめる映画30選

［著者］
松田亜有子（まつだ・あゆこ）
元東京フィルハーモニー交響楽団　広報渉外部部長
活水女子大学音楽学部ピアノ・オルガン学科を首席で卒業後、長岡市芸術文化振興財団にて企画・広報に従事。その後、東京フィルハーモニー交響楽団を経て、日本郵政株式会社コーポレートコミュニケーション部門のCSR担当として具体的活動の企画立案・実現に取り組む。株式会社経営共創基盤（IGPI）に参画後は、大手事業会社のCSR活動推進や、IGPIが出資支援した事業会社の成長支援に尽力する。2013年、再び東京フィルに戻り、「東京フィル創立100周年記念ワールドツアー」「日韓国交正常化50周年記念公演」「日中国交正常化45周年記念公演」など、各公演の広報渉外統括責任者として世界各地への広報や、主催者・協賛者との交渉を務める。2018年11月、コンサートの企画等を行うアーモンド株式会社を設立、代表取締役に就任。IGPI顧問。

クラシック音楽全史――ビジネスに効く世界の教養

2018年10月10日　第1刷発行
2024年3月7日　第7刷発行

著　者――松田亜有子
発行所――ダイヤモンド社
〒150-8409　東京都渋谷区神宮前6-12-17
https://www.diamond.co.jp/
電話／03·5778·7233（編集）　03·5778·7240（販売）
構成――坪井賢一（ダイヤモンド社論説委員）
協力――鉢村 優
編集協力――能本功生
装丁――竹内雄二
本文デザイン―布施育哉
本文図表――うちきばがんた（G体）
本文DTP――桜井 淳
校閲――聚珍社
製作進行――ダイヤモンド・グラフィック社
印刷――勇進印刷（本文）・加藤文明社（カバー）
製本――ブックアート
編集担当――柴田むつみ

ISBN 978-4-478-10657-0
落丁・乱丁本はお手数ですが小社営業局宛にお送りください。送料小社負担にてお取替えいたします。但し、古書店で購入されたものについてはお取替えできません。